MARCO POLO

Provence

Reisen mit Insider Tipps

Diesen Führer schrieben Lisse Merlin und Jochen R. Klicker. Die Aktualisierung besorgte Peter Bausch. Der Journalist hat seit 1977 seinen Zweitwohnsitz in der Provence.

marcopolo.de

Die aktuellsten Insider-Tipps finden Sie unter www.marcopolo.de, siehe auch Seite 100

MAIRS GEOGRAPHISCHER VERLAG

SYMBOLE

Insider Tipp **MARCO POLO INSIDER-TIPPS:**
Von unserem Autor für Sie entdeckt

★ **MARCO POLO HIGHLIGHTS:**
Alles, was Sie in der Provence kennen sollten

HIER HABEN SIE EINE SCHÖNE AUSSICHT

WO SIE JUNGE LEUTE TREFFEN

PREISKATEGORIEN

Hotels

€€€	über 80 Euro
€€	40–100 Euro
€	unter 55 Euro

Preise für zwei Personen im Doppelzimmer ohne Frühstück. Bei nur einer Person ermäßigt sich der Preis nur wenig oder gar nicht.

Restaurants

€€€	über 40 Euro
€€	25–40 Euro
€	unter 25 Euro

Preise für ein Abendmenü (drei bis fünf Gänge) ohne Wein. Ein Essen à la carte ist deutlich teurer, dagegen gibt es mittags häufig preiswertere Menüs.

KARTEN

[110 A1] Seitenzahlen und Koordinaten für den Reiseatlas Provence

[U A1] Koordinaten für die Karte von Marseille im hinteren Umschlag

[0] außerhalb der Karte von Marseille

Zu Ihrer Orientierung sind auch die Orte mit Koordinaten versehen, die nicht im Reiseatlas eingetragen sind.

GUT ZU WISSEN

French Connection **10** · Provenzalische Spezialitäten **22** · Oliven von Nyons **30** · Schwarze Diamanten **55** · Pastis **65**

INHALT

DIE BESTEN MARCO POLO INSIDER-TIPPS ... vorderer Umschlag

DIE WICHTIGSTEN MARCO POLO HIGHLIGHTS ... 4

AUFTAKT ... 7
Entdecken Sie die Provence!

Geschichtstabelle ... 8

STICHWORTE ... 13
Von der Baukunst bis zum Wein

ESSEN & TRINKEN ... 19
Luxus und Einfaches auf einem Teller

EINKAUFEN ... 23
Trüffeln und Trödel, Olivenöl und Wein

FESTE, EVENTS UND MEHR ... 24

DRÔME PROVENÇALE ... 27
Am Nordrand der Provence

VAUCLUSE ... 35
Rund um den heiligen Berg

BOUCHES-DU-RHÔNE ... 57
Land der Kaiser und Könige

MARSEILLE ... 75
Die Metropole am Mittelmeer

AUSFLÜGE & TOUREN ... 85
Schöne Dörfer und köstliche Tropfen

SPORT & AKTIVITÄTEN ... 91
Zwischen Himmel und Meer

MIT KINDERN REISEN ... 95
Wasserparks und Westerndörfer

ANGESAGT! ... 98

PRAKTISCHE HINWEISE ... 99
Von Anreise bis Zoll

SPRACHFÜHRER ... 103

REISEATLAS PROVENCE ... 107

KARTENLEGENDE REISEATLAS ... 109
MARCO POLO PROGRAMM ... 125
REGISTER ... 126
IMPRESSUM ... 127

BLOSS NICHT! ... 128

Die wichtigsten
MARCO POLO Highlights

Sehenswürdigkeiten, Orte und Erlebnisse, die Sie nicht verpassen sollten

1 Opernfestspiele Aix-en-Provence
Musiktheater der Weltklasse unter freiem Himmel (Seite 24)

2 Theaterfestival und Festival Off in Avignon
Die ganze Stadt wird jeden Sommer zur Bühne – vom Papstpalast bis zum Hinterhof (Seite 25)

3 Châteauneuf-de-Mazenc und Le Poët-Laval
Dorfromantik aus dem Mittelalter – zwei Musterbeispiele für die Renaissance von alten Dörfern (Seite 30 und 32)

4 Grignan
Das majestätische Renaissanceschloss, das die Marquise de Sévigné berühmt gemacht hat (Seite 31)

5 Sénanque
Das eindrucksvolle Zisterzienserkloster liegt abgeschieden mitten in Lavendelfeldern (Seite 41)

6 Papstpalast in Avignon
Eine imposante Festung mitten im Herzen der Stadt (Seite 42)

7 Vaison-la-Romaine
Spuren einer römischen Stadt, mustergültig freigelegt (Seite 52)

Prachtallee: cours Mirabeau in Aix

Spektakulär: Calanques bei Marseille

8 Cours Mirabeau in Aix
Die Prachtallee mit Straßencafés unter dem Platanendach (Seite 60)

9 Montagne Sainte-Victoire
Weißer Felsen über roter Erde unter blauem Himmel: der Hausberg von Malerfürst Paul Cézanne bei Aix-en-Provence (Seite 65)

10 Les Baux-de-Provence
Die Ruinen der Burg, die einst ein Zentrum der Minnesänger war, beleben heute Cafés und Galerien (Seite 69)

11 Camargue
Das Paradies der Flamingos im Rhônedelta (Seite 69)

12 Notre-Dame-de-la-Garde
Der Platz vor der Kirche hoch am Hügelhang bietet den schönsten Blick über Marseille (Seite 78)

Stille und Lavendel: Sénanque

13 Calanques
Die Felsenküste zwischen Marseille und Cassis (Seite 82)

14 Cassis
Kleinstadt mit einem idyllischen Fischerhafen am Meer (Seite 82)

15 Corniche des Crêtes
Atemberaubende Ausblicke auf der Bergstraße zwischen Cassis und La Ciotat (Seite 83)

★ *Die Highlights sind in der Karte auf dem hinteren Umschlag eingetragen*

Entdecken Sie die Provence!

Eine Landschaft voller Extreme mit einer wechselvollen Geschichte und einem Licht, das Künstler aller Jahrhunderte faszinierte

Flimmerndes Licht auf grauem Felsgestein, Felder mit Sonnenblumen oder violett leuchtende Lavendelbüsche, Hänge im Zartgrün der Weinreben, alte Dörfer, Felsen mit Schlossruinen: Wenn die ersten provenzalischen Städtenamen wie Orange, Avignon, Arles oder Aix-en-Provence auf den Hinweisschildern auftauchen, riecht die Luft schon nach Kräutern, nach Rosmarin, Lavendel und Thymian, und der Wind weht lau herauf vom Mittelmeer.

Überall treffen die Reisenden auf die Spuren von Völkern, die aus dem Norden, Osten oder Süden kamen und den Küstensaum besiedelten. Vor den Römern, die dieser Landschaft ihren Namen gaben (Provincia Gallia Narbonensis), landeten die Griechen und gründeten vor über 2600 Jahren die älteste Stadt Frankreichs: Marseille. Mit der Völkerwanderung kamen die Germanen, später von der Iberischen Halbinsel aus dem Südwesten und über das Mittelmeer aus Nordafrika die Araber. Und alle haben ihre Spuren hinterlassen.

Ein Meisterwerk römischer Technik: die Wasserleitung des Pont du Gard

Das »Imperium der Sonne« ist eine im Wortsinn malerische Landschaft

Das Charakteristische der provenzalischen Landschaft ist ihre unendliche Vielfalt und Gegensätzlichkeit. Wie Tag und Nacht zeigen sich die schroffen Felsklippen der Calanques mit ihren grünen Kiefern unter dem blauen Himmel zwischen Marseille und Cassis und das weite Sumpfland der Camargue mit den schwarzen Stieren, den rosa Flamingoschwärmen an den Salzwasserseen und den weißen Pferden. Wie Tag und Nacht sind die fruchtbaren Täler am Ufer der Flüsse Durance und Rhône, die inzwischen durch ein Korsett von Schleusen, Stauseen und Kanälen gebändigt sind, und die dürren Hochebenen mit ihrem Maquis, dem Gestrüpp aus Heide, immergünen Eichen, Disteln und Kräutern wie

Geschichtstabelle

um 600 v. Chr. Griechen landen in Gallien und gründen Massalia (Marseille)

125–122 v. Chr. Massalia bittet Rom um Hilfe gegen einen Keltenstamm. Rom schlägt diese Kelten, zerstört ihre Hauptstadt Entremont. An ihrer Stelle wird Aquae Sextiae (Aix-en-Provence) gegründet

58–51 v. Chr. Cäsar erobert Gallien. Die Gallier übernehmen Sprache und Kultur der Römer

ab 27 v. Chr. Kaiser Augustus macht die Provence zu Roms Lieblingsprovinz

1.–5. Jh. n.Chr. Blütezeit der Provence bis zum Ende des Römischen Reiches 476

7.–8. Jh. Einfälle der auf der Iberischen Halbinsel herrschenden Araber und Berber. Islamische Kultur wird in Teilen der Provence angenommen

843 Teilung des Frankenreiches. Die Rhône wird zur Grenze zwischen dem französischen Königreich im Westen und dem deutschen Kaiserreich

12. Jh. Südfrankreich (Okzitanien) wird zur führenden Kulturregion des Abendlandes, Zentrum des Minnesangs (Troubadours). Entwicklung einer höfisch-ritterlichen Literatur in okzitanischer (Volks-) Sprache

1309 Der Papst, von Frankreichs König unterstützt, übersiedelt nach Avignon (bis 1376)

15. Jh. Der »gute König René« beschert der Provence ein goldenes Zeitalter

16. Jh. Blutige Religionskriege gegen Waldenser und Protestanten (Hugenotten)

1792 Marseiller Nationalgardisten machen das »Lied der Rheinarmee« in Paris bekannt. Als »Marseillaise« wird es zur französischen Nationalhymne

1904 Literaturnobelpreis für den provenzalischen Dichter Frédéric Mistral

1942 Deutsche Truppen besetzen die Provence und sprengen einen Teil der Altstadt von Marseille

1944 Alliierte Truppen befreien die Provence

1947 In Avignon finden die ersten Theaterfestspiele statt, in Aix-en-Provence das erste Opernfestival

1983 Regionalreform: Die Region Provence-Alpes-Côte d'Azur (PACA) wird gegründet. Sitz des Parlaments ist Marseille

2001 Neue Trasse für den Hochgeschwindigkeitszug TGV von Paris über Lyon und Avignon nach Marseille wird eingeweiht

Thymian oder Rosmarin, das auf dem dünnen Sandstreifen über dem Felsboden wächst. Die provenzalische Natur birgt vieles im Extrem, sie kennt kein Mittelmaß.

Ein »Imperium der Sonne« hat der französische Dichter Frédéric Mistral die Provence einmal genannt. Zwar kann der kalte Nordwind gleichen Namens auch im Hochsommer die Temperaturen innerhalb weniger Stunden um zehn Grad fallen lassen und die Menschen von den Plätzen und Terrassen fröstelnd in die Häuser treiben. Aber wenn er sich legt, ist der Himmel wieder strahlend blau, und die Sonne wärmt die Luft genauso schnell, wie der Mistral sie vorher abgekühlt hat. Mimosen und Mandelbäume blühen hier oft schon im frühen Februar. Und abgehärtete Besucher aus dem Norden baden noch Anfang November im Mittelmeer bei Temperaturen von 16 bis 18 Grad. Der Sommer bringt, bei durchschnittlich 26 bis 28 Grad am Tag, trockene Hitze. Als beste Reisezeit gelten Mai/Juni und September/Oktober.

» Die Luft riecht nach Rosmarin, Lavendel, Thymian «

Nach wie vor ist die Provence im Innern ein stilles Land. Die Bewohner der Dörfer und kleinen Städte, in denen die letzten Lokale lange vor Mitternacht schließen, sind denn auch keine lauten, lärmenden und immer fröhlichen Menschen wie an der Küste. Erst im bunten Treiben ihrer Märkte und vielen Volksfeste erkennt der Fremde, dass auch sie südliches Temperament besitzen. Verschlossen und bisweilen abweisend dagegen sind die Menschen, die in den Bergen leben.

Auch das hat vermutlich seinen Ursprung darin, dass die Provence immer Durchzugsgebiet für fremde

Vieux Port in Marseille: mondäne Yachten und ein urtümlicher Fischmarkt

Eroberer war. Hier wurden blutige Kriege geführt, hier wurden Menschen wegen ihres Glaubens oder ihrer Weltanschauung verfolgt. Die Bauern und Hirten flohen in die Berge, fanden Schutz in vorzeitlichen Höhlen, in unzugänglichen Burgen und Felsendörfern.

Die Landschaft, die wir heute Provence nennen, greift über die Grenzen von Region und Départements hinaus. Über ihre exakten Grenzen wird immer wieder gestritten. Die eigentliche Provence gehört zu einer der 22 französischen Regionen, die den Namen Provence-Alpes-Côte d'Azur mit der hässlichen Abkürzung »PACA« trägt und ihre Hauptverwaltung in Marseille hat. Dazu zählt der Kern der Provence, also die drei Départements Alpes-de-Haute-Provence, Vaucluse und Bouches-du-Rhône. Dieser Reiseführer greift aber an drei Seiten über diese Begrenzung hinaus: im Norden in das Land der Drôme, also in die Region Rhône-Alpes, im Osten in das Département Var und im Westen über die Rhône hinweg in das Département Gard mit seiner Hauptstadt Nîmes.

»Die provenzalische Natur kennt kein Mittelmaß«

Gerade in Nîmes, aber auch in Städten wie Arles oder Vaison-la-Romaine schlendern die Reisenden zwischen den Überresten jahrtausendealter Geschichte, zwischen römischen Theatern und Gräberfeldern, mittelalterlichen Burgen und

French Connection

Wie Literaten und Künstler im Exil in Sanary vor den Nazis gerettet wurden

Die Hauptstadt der deutschen Literatur war von 1933 bis 1942 das Fischerdorf Sanary-sur-Mer im Osten von Marseille. Auf der Flucht vor den deutschen Nationalsozialisten machten Literaten, Musiker und Maler wie Nobelpreisträger Thomas Mann, Lion Feuchtwanger, Ernst Bloch, Walter Benjamin, Franz Werfel, Alma Mahler oder Bertolt Brecht Station in Sanary. Manche nur für ein paar Tage, andere wie Mann oder Feuchtwanger ein paar Jahre. Nach der Kriegserklärung 1939 wurden die deutschen Exilanten im Lager Les Milles bei Aix interniert. Gerettet wurden viele Emigranten von Varian Fry, Botschafter des amerikanischen »Emergency Rescue Committee«, der 1940 nach Marseille kam. Über seine »French Connection« sind mehr als tausend Menschen der Gestapo entkommen. Jean Arp, André Breton, Marc Chagall, Marcel Duchamp oder Max Ernst – alle diese Namen standen auf der Liste von Varian Fry, der Marseille zur Drehscheibe der Hoffnung machte. In Sanary erinnert heute eine Gedenktafel am Hafen an die deutschen Emigranten.

Das antike Amphitheater mit hochmoderner Überdachung liegt verkehrumtost mitten in der trubeligen Innenstadt von Nîmes

Schlössern, Klöstern und Kathedralen. Kaum eine andere Landschaft Europas versammelt so viel Kultur aus allen Epochen auf so engem Raum.

Das »Imperium der Sonne« hat auch die großen Maler des 19. und 20. Jhs. von Paul Cézanne und Auguste Renoir bis Vincent van Gogh und Pablo Picasso angezogen. Viele sind keine gebürtigen Provenzalen, manche, wie van Gogh oder Picasso, nicht einmal Franzosen. Aber die meisten Künstler, deren Bilder heute überall in den großen Museen der Welt hängen, sind hierher gekommen, um diese im Wortsinn malerische Landschaft mit ihrem einmaligen Licht auf die Leinwand zu bannen.

»Eine im Wortsinn malerische Landschaft«

Das große kulturelle Erbe hat, so scheint es, auf unsere Zeitgenossen abgefärbt. Sie verstehen es meisterhaft, wie in Arles, Avignon, Aix-en-Provence, Grignan oder La Roque-d'Anthéron antike Theater, den Papstpalast, Schlösser, Parks und Kirchen mit Musik- und Theateraufführungen in das aktuelle Kulturleben einzubeziehen. Und sie setzen mit ihren Festspielen jeden Sommer Zeichen, die weit über Frankreichs Grenzen hinaus gesehen und gehört werden.

Das ist vermutlich auch einer der Gründe, weshalb sich so viele Künstler und Kunsthandwerker in der Provence niedergelassen haben. Die magische Anziehungskraft der provenzalischen Landschaft hat schon der deutsche Maler Werner Lichtner-Aix mit den heute noch gültigen Worten beschrieben: »Ich habe nirgendwo sonst so viel Farbe, Licht und Schönheit vereint gefunden wie hier.« Und diesen Zauber spüren auch die Reisenden immer wieder – wenn sie sich die Zeit nehmen, darauf zu achten.

Von der Baukunst bis zum Wein

Antike und Romanik prägen das architektonische Gesicht, doch auch Ziegen und Zikaden, Sonnenblumen und Stierkämpfe gehören zur Provence

Antike

Wer die Provence besucht, wandelt auf den Spuren der Antike. In Arles wie in Nîmes, in Glanum (bei Saint-Rémy) wie in Orange, überall stößt der Besucher auf antike Baudenkmäler und Ausgrabungsstätten. Das Besondere an diesen Spuren der Antike aber ist die Tatsache, dass sie vielfach in das moderne Leben einbezogen sind wie die Amphitheater in Arles und Nîmes. Sie werden für Kunst und Kultur, Volksfeste und Stierkämpfe genutzt. In die römischen Theater von Arles, Orange und Vaison-la-Romaine strömt das Publikum heute wie vor zweitausend Jahren. Und wie selbstverständlich fährt man heute noch über die Steinquader der alten Brücken, als hätten die römischen Baumeister sie für die Ewigkeit gebaut.

Baukunst

Nach der Antike prägt vor allem die Romanik in ihrer speziell provenzalischen, mit antiken und orientalischen Elementen durchsetzten Form das architektonische Gesicht des Landes. Auffallend ist dabei die Harmonie der romanischen Bauten mit der provenzalischen Landschaft. Höhepunkte romanischer Baukunst sind die Klöster Sénanque und Ganagobie, die Kathedrale von Saint-Paul-Trois-Châteaux, die alte Kathedrale de la Major in Marseille, die Kirche La Garde-Adhémar. In der Spätromanik entwickelte sich die Reliefskulptur, die in den Portalen der Kirche von Saint-Gilles und von Saint-Trophime in Arles einzigartig ist. Die Gotik ist den Provenzalen fremd geblieben. Zu dieser Zeit riefen die Päpste italienische Künstler, besonders Maler, ins Land, deren Werke den Stil dieser Epoche kennzeichnen. Die bedeutendsten Bauwerke der Gotik sind der neue Papstpalast in Avignon und die Basilika von Saint-Maximin-la-Sainte-Baume. Die Renaissance hat in der Provence wenig Ausdruck gefunden (Schloss Grignan, Inselfestung Château d'If vor Marseille). Den formal betont strengen *classicisme* (französischer Barock) kann der Besucher am besten in der Altstadt von Aix besichtigen, wo die Adligen ihre Stadtpaläste errichteten. Hier und in anderen Städten spielte der provenzalische Baumeister, Bildhauer und Maler Pierre Puget (1620–94) eine füh-

Heute wieder von Mönchen bewohnt: Zisterzienserabtei Sénanque

rende Rolle. Das 19. Jh. brachte auch der Provence eine Reihe von Prachtbauten in einem Gemisch nachempfundener Stilarten (Byzanz). Bemerkenswert sind aber die Meisterleistungen der Techniker (Rhônebrücken). In den Fünfzigerjahren des 20. Jhs. erregte Le Corbusier mit seiner Wohnstadt *Cité Radieuse* in Marseille Aufsehen. Der Train à Grande Vitesse (TGV), der Hochgeschwindigkeitszug, der seit 2001 Marseille und Paris in drei Stunden miteinander verbindet, beschert der Provence neue architektonische Akzente wie die Bahnhöfe von Avignon und Aix oder die eleganten Eisenbahnbrücken zwischen Orange und Marseille.

Fauna

Eines der kleinsten Tiere der Provence ist zugleich das auffälligste: die Singzikade. Sie singt zwar nicht, aber sie schrillt, und das in der warmen Jahreszeit so intensiv, dass sie ständig präsent ist, obwohl man sie fast nie sieht. Schaf- und Ziegenherden begegnet man ebenfalls überall. Auch Schlangen sind – in den höheren Regionen – häufig. Und die vielfältigen Eidechsenarten sind allgegenwärtig. Wild findet man eher in der unzugänglichen Haute-Provence im Osten als westlich der Durance. Eine Fundgrube für Naturfreunde ist die Camargue, wo außer in Herden lebenden schwarzen Stieren und weißen Pferden zahllose Vogelarten leben, darunter Flamingos, Reiher und Enten, Kormorane, Schwäne und Störche, Adler, Falken und Bussarde.

Flora

Mandelbäume und Oliven, Korkeichen, Feigen und in den Dörfern wie an den Straßenrändern Kastanien und ausladende Platanen – das sind einige der Bäume, denen der Reisende in der Provence begegnet. Zwischen Pappeln und Zypressen, die wie Schilf als Windschutz dienen, liegen kleine Äcker, Lavendel-, Sonnenblumen- und Gemüsefelder sowie Obstplantagen; und immer

Im Frühsommer prägen Millionen von Sonnenblumen das Landschaftsbild

wieder Weinreben auf flachen Feldern oder in Terrassen die Hügel ansteigend. Und der Blütenreichtum von Frühling und Sommer wiederholt sich mit neuen Blüten und Farben noch einmal im Herbst. Wo die Täler enden, beginnt die *garrigue*, Heide und Wildpflanzen. Stechginster, Krüppelkiefern, Kakteen, langarmige Brombeersträucher und immergrünes Eichengebüsch bilden auf karstigen Hügeln, Berghängen und Hochplateaus den undurchdringlichen *maquis*, der jedem Verfolgten Schutz bietet (daher der Name Maquis für die französische Widerstandsbewegung im Zweiten Weltkrieg). Ein schwerer Duft von Rosmarin und Myrte, Majoran, Thymian und Lavendel hängt über dem Dickicht. Hier wachsen die berühmten Kräuter der Provence. In den Bergen über der *garrigue* dann der Wald: Eichen und Buchen, auch Kastanien, Kiefern, Fichten und Pinien, im Lubéron sogar Zedern. Den Sumpfboden der Camargue bedecken Salzpflanzen und Schilf.

Künstler

Die Provence gilt zu Recht als Paradies der Maler. Paul Cézanne, Auguste Renoir, Vincent van Gogh und Pablo Picasso haben die bekanntesten Zeugnisse dafür abgelegt. Aber auch Claude Monet, Paul Gauguin, Henri Matisse und zahlreiche andere erlagen immer wieder der Versuchung, die leuchtenden Farben und das strahlende Licht der Provence auf die Leinwand zu bannen – van Gogh verfiel darüber in Wahnsinn. Aber das »Imperium der Sonne« hat auch eine Reihe bedeutender Dichter und Schriftsteller hervorgebracht, von Frédéric Mistral, dem leidenschaftlichen Vorkämpfer für die Erhaltung der alten provenzalischen Sprache, bis zu Jean Giono, dem Dichter der Haute-Provence, von Alphonse Daudet, dem Schöpfer des unsterblichen »Tartarin von Tarascon« bis zu Marcel Pagnol, der vor allem durch seine Schilderungen des Lebens der einfachen Leute in Marseille berühmt wurde.

Landwirtschaft

Pfirsiche und Erdbeeren, Äpfel und Kirschen, Melonen, Artischocken, Frühkartoffeln, Tomaten, Salat, Erbsen, Bohnen, Mais – die fruchtbaren Täler zwischen Rhône, Durance und dem Mont Ventoux sind eine riesige Obst- und Gemüseplantage. Verkauft wird das meiste davon auf den großen Gemüsemärkten der Provence, zum Beispiel in Cavaillon. Was nicht frisch verkauft wird, wandert in die Konserven- und Marmeladenfabriken. Neben Obst und Gemüse werden Weizen, Reis und Wein angebaut. Sonnenblumenfelder und Olivenhaine liefern den Rohstoff für die Speiseölindustrie. Schafherden sorgen für Lammfleisch, Ziegenherden für die vielen Käsesorten des *chèvre*.

Lavendel

Sie gehören zum gepflegten Haushalt wie der Weichspüler zur Waschmaschine mit den Bade- und Handtüchern oder der Luftbefeuchter zur zentralgeheizten Winterwohnung: die kleinen Lavendelsäckchen im Wäscheschrank, deren Duft noch tagelang im benutzten Bettzeug hängt. Großflächig und in langen Reihen angebaut wird die aromatische Pflanze aus der Familie der Minzen in der Provence (vor allem rund um Sault) jedoch in erster Linie als Grundstoff für die Parfummacher in Grasse. Denen dient das Lavendelöl als eine wichtige Basis für ihre Duftkompositionen. In der Naturmedizin lindert der Lavendel Gicht- und Rheumaschmerzen, und im Schmortopf veredelt er das Kaninchen wie im Dressing den bunten Salat.

Pétanque

Wo es einen Sand- oder Kiesplatz gibt und ein paar Schatten spendende Plantagen, da kann das Spiel sofort losgehen, wenn mindestens zwei Männer ihre drei Stahlkugeln zur Hand haben und das Setzkügelchen aus Holz, das *cochonnet* (Ferkel) heißt. Aber die meisten der 500 000 Spieler, die in der Französischen Föderation des Provenzalischen Pétanquespiels organisiert sind, gehen natürlich lieber mit ihrer Mannschaft zum Wettkampf auf eine der 6-x-10-m-Bahnen des *boulodromes.* Die Spielregeln: Jeder versucht, seine drei Kugeln so dicht wie möglich ans Schweinchen zu werfen oder zu rollen und/oder die gegnerischen *boules* so weit wie möglich von ihm weg zu schmettern. Und was unterscheidet die Pétanque des Südens nun vom Boulespiel des Nordens? Die Kugeln sind kleiner und leichter, und der Spieler darf keinen Anlauf nehmen. Der Verlierer zahlt die nächste Runde Pastis.

Stierkampf

Besonders im Südwesten der Provence, in der Camargue und ihrer Umgebung, werden regelmäßig Stierkämpfe veranstaltet. Bei den *corridas* wird der Stier wie in Spanien von dem Matador, einem professionellen Stierkämpfer, getötet. Bei den *novilladas* geschieht dasselbe, nur sind die Stiere jünger, die Stierkämpfer unerfahrener und die Eintrittskarten billiger. Die blutigen Stierkämpfe hat erst Napoleon III. Ende des 19. Jhs. eingeführt. Jahrhundertelang kannte die provenzalische Bevölkerung nur die unblutigen *cocardes,* bei denen der *razeteur* (Stierkämpfer) eine zwischen den Hörnern des Stiers befestigte Kokarde mit Quasten an sich bringen muss. Die bedeutendsten Stierkämpfe beider Arten finden in den Amphitheatern von Arles (Les Arènes) und Nîmes statt. In der Camargue und in einigen Orten an der

Nationalsport der Provenzalen: eine ruhige Kugel schieben

unteren Rhône werden außerdem Schaukampfspiele berittener Hirten *(gardians)* sowie Stiertreiben durch die Straßen der Orte veranstaltet, die bei Touristen sehr beliebt sind.

Waldbrände

Sie sind ein Verhängnis für die Provence und eine besonders üble Folge fehlenden Umweltbewusstseins wie auch mangelnder Forstpflege. Die Brände vernichten jeden Sommer große Waldflächen, in besonders trockenen und windigen Jahren bis zu 50 000 ha. Viele sind auf Nachlässigkeit (etwa aus dem Auto geworfene Zigarettenkippen) zurückzuführen, aber auch auf Pyromanen und Spekulanten, die Feuer legen, weil abgebrannte Flächen im Gegensatz zu Wald manchmal als Bauland freigegeben und dann zu besseren Preisen verkauft werden können.

Wein

Die Provence ist die Wiege des französischen Weinbaus. Anbaugebiete wie Bandol, Cassis oder Châteauneuf-du-Pape haben schon vor 1950 die begehrte staatliche Klassifizierung AOC (Appellation d'Origine Contrôlée) bekommen. Seit den Sechzigerjahren stellen immer mehr Winzer von Quantität auf Qualität um. Spitzenweine liefern heute die AOC-Gebiete der Côtes-du-Rhône mit Toplagen in den Dörfern Gigondas, Cairanne oder Vacqueyras, die Weinbauern rund um den Mont Ventoux, im Lubéron sowie die Güter der Côteaux d'Aix-en-Provence und selbst im jüngsten AOC-Gebiet Côteaux de Pierrevert bei Manosque. Sie setzen nicht nur auf schnell verwertbare Roséweine, sondern immer mehr auf sorgfältig angebaute Rotweine.

Wirtschaft

Die wirtschaftliche Struktur der Provence ist verhältnismäßig ausgewogen. Den landwirtschaftlich meist intensiv genutzten Flusstälern mit ihrem fruchtbaren Schwemmland steht das industriell stark entwickelte Gebiet der unteren Rhône und der Küstenregion beiderseits von Marseille gegenüber. Wichtig sind die ergiebigen Wasservorräte der Rhône und Durance, die die regelmäßige Bewässerung der Äcker garantieren und die Industrie mit dem nötigen Strom versorgen. Die vielen Atomkraftwerke an der unteren Rhône dienen nicht nur der Stromerzeugung, sondern auch der Urananreicherung und der wissenschaftlichen Forschung.

Die stärkste Industriekonzentration ist seit den Siebzigerjahren nordwestlich von Marseille am See von Berre zu verzeichnen. Im Hinterland des Marseiller Industriehafens Fos (nach Rotterdam der zweitgrößte Hafen Europas) arbeiten heute mehrere Erdölraffinerien, große Werke der Metall verarbeitenden und Stahlindustrie sowie Chemiefabriken. Mit Technologieparks wie in Marseille oder Aix-en-Provence ist die Provence heute aber auch Sitz für viele Unternehmen der IT-Branche; in Rousset residiert einer der größten Computerchipproduzenten Westeuropas. Östlich von Marseille liegen Werften. In der Nähe von Marignane, dem Marseiller Flughafen, werden Flugzeuge und Hubschrauber produziert. Neben den neuen Industriezweigen produzieren traditionelle Betriebe besonders in der für Marseille charakteristischen Seifenfabrikation wie in der Olivenölherstellung erfolgreich weiter.

Luxus und Einfaches auf einem Teller

Unter der provenzalischen Sonne reifen die besten Zutaten für eine mediterrane Küche und Weine, die einen riesigen Qualitätssprung erlebten

Unter der Sonne des Südens reifen die besten Zutaten. Deswegen ist die Küche in der Provence im Prinzip einfach, leicht und gesund. Gemüse in allen Variationen, Fische und Meeresfrüchte, eine unglaubliche Vielfalt an Gewürzkräutern von Thymian über Rosmarin, Minze, Salbei, Basilikum bis zu Fenchel und Lorbeer. Dazu Lammfleisch aus dem Hochland, Käse von Ziegen und Schafen, reife, süße Früchte und als Krönung ein Wein aus heimischem Anbau, der in den letzten Jahren einen riesigen Qualitätssprung erlebt. Das Land bietet diesen Luxus in bester Frische. Und im Lubéron und in der ehemaligen päpstlichen Enklave rund um Valréas gibt es jeden Winter sogar die wichtigsten Trüffelmärkte im Süden.

Trotz Fastfood und Touristenrummel: Kaum eine andere Region Frankreichs zählt so viele Sterneköche wie die Provence. Und selbst die großen Zeremonienmeister der Kochkunst bleiben bei den einfachen Grundrezepten. Von der Sonne verwöhnte Tomaten oder Zucchini brauchen nur einen Hauch von frischen Kräutern und ein wenig Olivenöl, um ihren ganzen Geschmack zu entfalten.

Im Cour de Rohan in Aix speisen Sie in klassischem Ambiente mit Blick aufs Rathaus der Stadt

Viel Gemüse, Fisch, aromatisches Olivenöl, Knoblauch und – in Maßen genossen – guter Wein sorgen dafür, dass die Provenzalen die höchste Lebenserwartung in ganz Frankreich haben. Dabei widerspricht die hiesige Ernährungstradition eigentlich den Bauernregeln des Nordens. Wie oft in südlichen Ländern fällt das Frühstück *(petit déjeuner)* karg aus: Eine Tasse Kaffee, eventuell mit Milch, dazu Weißbrot, Butter und Konfitüre, manchmal noch ein Blätterteighörnchen *(croissant)*, das reicht schon für den Tagesanfang.

Beim Mittagessen *(déjeuner)* zwischen 12 und 14 Uhr werden dann schon drei Gänge aufgefahren. Das Menü mit Vorspeise *(hors d'œuvre)*, Hauptgang *(plat de résistance)* mit Fleisch *(viande)*, Fisch *(poisson)* oder Geflügel *(volaille)* sowie Dessert ist auch heute noch wichtig. Aber die Essgewohnheiten wandeln sich langsam: In den meisten Restaurants wird niemand mehr schief angeschaut, der mittags nur

Provenzalische Spezialitäten

Lassen Sie sich diese Köstlichkeiten gut schmecken!

aïoli – Mayonnaise aus viel zerstoßenem Knoblauch, Eigelb und Olivenöl

bœuf gardian – Das (Stier-)Gulasch der Camargue, mit kräftigen Gewürzen stundenlang in Rotwein geschmort, eng verwandt mit der *daube provençale* aus Rindfleisch

bouillabaisse – Fischsuppe aus Marseille. Drachenkopf *(rascasse),* Knurrhahn *(grondin)* und Seeaal *(congre)* dürfen auf keinen Fall fehlen, Langusten *(langouste)* sind übertriebener Aufputz. Wichtig sind die Zutaten: Zwiebeln, Tomaten, Safran, Knoblauch, Lorbeer, Salbei, Fenchel, ein Stück Orangenschale, Olivenöl. Dazu gibt es geröstete Weißbrotscheiben *(croûtons),* die mit *rouille,* einer Sauce aus Knoblauch, Olivenöl, Chili und Fischsud, in die Suppe getunkt werden.

bourride – wie die Bouillabaisse, aber mit edleren Fischen wie Seewolf *(loup),* Seeteufel *(baudroie)* und Merlan. Die Suppe wird mit *aïoli* gebunden.

brandade de morue – Das Stockfischpüree; einst ein Armeleuteessen, ist heute schon fast Luxus geworden.

brouillade de truffes – Klassiker unter den Trüffelrezepten: verschlagene Eier, mit Butter vorsichtig erwärmt und mit *crême fraîche* vermischt. Zum Schluss werden frische Trüffeln über das omelettartige Gericht geraspelt.

calissons d'Aix – rautenförmige Köstlichkeit aus Mandelmasse, Honig, Orange und Melonensirup mit Zuckerguss

fleurs de courgettes – Zucchiniblüten, mit Hackfleisch oder Frischkäse *(brousse)* gefüllt

mesclun – bunte Mischung aus verschiedenen frischen Blattsalaten

petits farcis – mit Hackfleisch (und Spinat) gefüllte Gemüse

pieds-paquets – gefüllte Lammkutteln und -füße in einer Sauce aus Tomaten und Wein

ratatouille – Gemüseeintopf aus Auberginen, Paprika, Tomaten, Zwiebeln und Zucchini, in Olivenöl mit Kräutern gedünstet

soupe au pistou – Gemüsesuppe aus weißen Bohnen, Tomaten und Zucchini mit einer dicken Paste aus Basilikum, Knoblauch und Olivenöl

tapenade – Creme aus schwarzen Oliven, Kapern und Sardellenfilets, mit Olivenöl und Pfeffer gemixt

einen großen Teller Salat essen möchte oder sich auf das preiswerte Tagesgericht *(plat du jour)* beschränkt.

Abends, zum *dîner* oder *souper*, das Franzosen praktisch nie vor 20 Uhr bestellen, entfaltet die Küche der Provence dann ihre ganze Pracht. Zwei bis drei Stunden sollten Sie sich mindestens für das Abendessen reservieren, um ein Menü von *amuse-gueule* (Appetithäppchen) bis *zeste de citron* (Zitronenschale auf dem Dessertteller) durchzukosten.

Immer mehr Restaurants haben inzwischen einen Keller mit Weinen der Gegend angelegt. Natürlich gibt es schon lange die Anbaugebiete mit der kontrollierten Herkunftsbezeichnung AOC *(Appellation d'Origine Contrôlée)* wie Cassis, Bandol oder das winzig kleine Gelände um Palette mit dem seit Generationen von derselben Familie geführten Château Simone sowie die weltweit anerkannten Weine von Gigondas oder Châteauneuf-du-Pape im Rhônetal. Aber dazu stoßen in den letzten Jahren immer mehr edle Tropfen aus den Gebieten, über deren Produkte, zum großen Teil anspruchslose Roséweine, die Kenner früher nur die Nase rümpften. Jetzt fordern Weingüter wie Château Revelette oder Domaine Richeaume der deutschen Winzer Peter Fischer und Henning Hoesch mit ihren Spitzenauslesen ganz offen die Konkurrenz aus Burgund und Bordeaux heraus.

Die Rotweine aus dem Lubéron (Château La Verrerie), dem Umland von Aix-en-Provence (Domaine les Bastides oder Château du Seuil) oder aus den Tälern der Alpilles (Château Romanin und Domaine d'Eole), die Produkte des Einzelgängers Eloi Dürrbach von der Domaine de Trévallon und sogar die Weine aus dem für provenzalische Verhältnisse riesigen Château La Coste bei Puy Sainte-Réparade sind heute zu Recht auf den Karten der besten Restaurants und in internationalen Weinführern zu finden.

Zu einfachen Mahlzeiten passt oft ein offener und preiswerter Wein (*pichet* oder *en carafe*), und zum Gedeck selbst in Spitzenrestaurants gehört der Gratiskorb mit Weißbrot ebenso wie die Karaffe mit Wasser. In der Provence ist es wie in allen romanischen Ländern üblich, dass für einen Tisch nur eine gemeinsame Rechnung ausgestellt wird. Die meisten Restaurants haben einen Ruhetag; empfehlenswert ist immer eine Tischreservierung.

Die MARCO POLO Bitte

WWF

Marco Polo war der erste Weltreisende. Er reiste in friedlicher Absicht, verband Ost und West. Er wollte die Welt entdecken, fremde Kulturen kennen lernen, nicht zerstören. Könnte er heute für uns Reisende nicht Vorbild sein? Aufgeschlossen und friedlich sollte unsere Haltung auf Reisen sein. Dazu gehören auch Respekt vor Mensch und Tier und die Bewahrung der Umwelt.

LES OLIVES DU SOLEIL
HUILE D'OLIVE VIERGE EXTRA
LES OLIVES DU SOLEIL
HUILE D'OLIVE VIERGE EXTRA
LES OLIVES DU SOLEIL
HUILE D'OLIVE VIERGE EXTRA

Trüffeln und Trödel, Olivenöl und Wein

Kunsthandwerk und Delikatessen sind die klassischen Provencesouvenirs

Wenn Sie sich selbst versorgen, vergessen Sie das Thema Ladenschluss: Französischem Individualismus widersprechen alle Vorschriften, die sagen, *wann* etwas *wie* zu tun sei. Generell gilt für den Sommer: Frisches Brot gibt es ab 6.30 Uhr, alle anderen Lebensmittel von 9 bis 12.30 und 15.30 bis 19.30 Uhr. Größere Supermärkte machen keine Mittagspause und sind abends länger offen. Und beim Araber um die Ecke bekommen Sie Obst, Käse, Wein und gekühlte Getränke bis in die Nacht.

Die größte Köstlichkeit ist die Trüffel; die gibts zu gerade noch erschwinglichen Preisen unter anderem im Dörfchen Richerenches im Tricastin samstags vormittags von November bis März. Zahllose andere Delikatessen bieten die *épiceries fines* an – von Kastanienmus über Wachteleier bis zu den *herbes de Provence,* die man hier gerne noch ungemischt kauft: Lavendel, Oregano, Rosmarin, Salbei, Thymian. Nicht nur in Montélimar wird Nougat aus Honig, gebrannten Mandeln und Früchten oder Vanille hergestellt. Kinder mögen Schokobonbons *(tartarinades),* Damen Mandelpralinen *(calissons),* und Feinschmecker lieben den weißen Knoblauch. Guter Honig ist meist fest, gutes Olivenöl sollte kaltgepresst sein. Und für guten Wein sollten Sie nicht mehr ausgeben als 10 bis 12 Euro pro Flasche oder 2,50 Euro pro Liter vom Fass *(en vrac).* Lavendel können Sie pur erstehen oder verarbeitet in zig Produkten: Seifen, Shampoos, Riechsäckchen. Kaufen Sie doch mal Lavendelöl, einen zweiten Duftstoff und reinen Alkohol, und mischen Sie sich so Ihr eigenes, unverwechselbares Parfum!

Ob Wein, Parfum, Nuss- oder Olivenöl: In der Provence sollten Sie zur Flasche greifen!

Wer etwas typisch Provenzalisches mit nach Hause nehmen möchte, muss sich nach Kunsthandwerk umsehen: Da gibt es Arbeiten aus Ton und Holz, Schmiedeeisen, Kupfer und Messing, Fayencegeschirr, Decken und Teppiche aus selbst gesponnener Wolle, Trachtenpuppen, die *santons* (bunt angezogene Krippen- und Folklorepuppen aus Ton), Keramik. Nicht zu vergessen: provenzalische Baumwollstoffe in kräftigen Farben mit den typischen Mustern. Auch Trödel und Antiquitäten *(brocante)* sind beliebte, freilich selten preiswerte Provencemitbringsel.

Feste, Events und mehr

Theater, Opern, Weltmusik: Kulturell ist die Provence keineswegs Provinz

Neben der Spitzenkultur jeden Sommer bei den internationalen Festspielen in Avignon, Orange, Aix und La Roque-d'Anthéron behaupten die Volksfeste mit jahrhundertelanger Tradition ihren Platz im Veranstaltungskalender: die Zigeunerwallfahrt in Saintes-Maries-de-la-Mer, die Stierkämpfe in Arles und Nîmes oder die Hirtenweihnacht in Allauch.

Zigeunerwallfahrt in der Camargue

Offizielle Feiertage

1. Januar; **Ostermontag**; **1. Mai**; **8. Mai** (Kriegsende 1945); **Himmelfahrt**; **Pfingstmontag**; **14. Juli** (Nationalfeiertag, Erstürmung der Bastille 1789); **15. August** (Mariä Himmelfahrt); **1. November** (Allerheiligen); **11. November** (Kriegsende 1918); **25. Dezember**

Viele Museen und Sehenswürdigkeiten sowie Restaurants sind feiertags geschlossen.

Festivals und Veranstaltungen

Mai

★ Jedes Jahr am 24. und 25. Mai feiern die *gitans*, die Zigeuner, aus ganz Europa auf der *Zigeunerwallfahrt in Saintes-Maries-de-la-Mer* ihre Schutzpatronin Sara mit einer Prozession ans Meer.

Pfingsten

Die ganze Stadt feiert bei der *Feria de Nîmes* ihre Stierkampftradition mit einem riesigen Volksfest.

Juli

★ Seit 1947 geben sich beim *Festival d'art lyrique*, den Opernfestspielen von Aix-en-Provence, jeden Sommer die besten Sänger(innen), Dirigenten und Regisseure Europas die Ehre auf der Bühne im Innenhof des ehemaligen erzbischöflichen Palastes. Seit 1998 öffnen sich die

exklusiven Festspiele dank Unterstützung durch die Europäische Musikakademie auch für ein weniger zahlungskräftiges Publikum. *Tel. 04 90 27 66 50, www.festival-aix.com*
★ Das *Festival d'Avignon* jeden Sommer in der ehemaligen Papstresidenz ist das Schaufenster der Theaterwelt. Die offiziellen Festspiele für Tanz- und Sprechtheater haben den Ehrenhof des Papstpalastes als Hauptspielort und Bühnen in der ganzen Stadt. *Tel. 04 90 14 14 26, www. festival-avignon.com*
Mit Hunderten von Spielstätten in Garagen, Höfen und auf den Straßen verwandelt das ★ *Festival Off* als alternatives Begleitprogramm die ganze Stadt in eine riesige Bühne.

Anfang Juli–Ende August

★ Große Opern und Konzerte jeden Sommer bei den *Chorégies d'Orange* im Antiken Theater. *Tel. 04 90 34 24 24, www.choregies.asso.fr*

Ende Juli–Ende August

Weltstars in der Welt der schwarzweißen Tasten haben seit 1981 ihre Sommerresidenz in dem provenzalischen Dorf La Roque-d'Anthéron gefunden. Beim **Insider Tipp** *Festival International de Piano* herrscht auf der Freilichtbühne im Park des Château de Florans immer noch eine familiäre Atmosphäre mit zivilen Preisen. *Tel. 04 42 50 51 15, www.festival-piano.com*

Erster Sonntag im August

Beim *Marché Flottant* in L'Isle-sur-la-Sorgue, dem Mekka der Antiquitätenhändler, bieten die Händler ihre Waren auf Booten mit flachem Boden an.

Mitte–Ende Oktober

Weltmusik zu zivilen Preisen bietet die **Insider Tipp** *Fiesta des Suds* auf bis zu drei Bühnen in einer alten Lagerhalle *(Dock des Suds, 12, rue Urbain V)* am Hafen in Marseille. *Tel. 04 91 99 00 00, www.dock-des-suds.org*

Weihnachten

Eine der schönsten *Mitternachtsmessen* der Provence findet an Heiligabend in Allauch statt, wenn Hirten ihre Herden zur Kirche des Dorfs bei Marseille treiben und eine Krippe mit lebendigen Tieren aufgebaut wird. *Tel. 04 91 05 31 21, www.allauch.com*

Tracht der gardians in Arles

Am Nordrand der Provence

Das waldreiche Land um die Nougatstadt Montélimar bietet eine gute Einstimmung auf die Provence

Dort wo die Drôme, aus den Voralpen kommend, der Rhône entgegenfließt, beginnt Südfrankreich und damit der Norden der Provence. Dieses Gebiet des Départements Drôme nennt sich Land der Bäume, und tatsächlich gibt es hier noch unzerstörte Wälder. Und doch ist die Landschaft schon unverwechselbar provenzalisch. Viele kleine Dörfer aus grauem Felsgestein längs dem knapp 50 km langen Weg von Crest nach Grignan besitzen eine alte, meist liebevoll gepflegte romanische Dorfkirche.

In Grignan treffen sich Haupt- und Nebenstraßen aus allen Himmelsrichtungen. Majestätisch und weithin sichtbar thront das Renaissanceschloss der Grafen Adhémar über der Rhôneebene. Der Anblick verleitet selbst eilige Durchreisende zur Besichtigung. Grignan ist durch bequeme Seitenstraßen mit Montélimar verbunden. Die Nougatstadt gehörte in alten Zeiten zum Besitz der Grafen der Provence und wird heute meist mit zur Provence gezählt. Dafür gibt es auch noch ei-

Le Poët-Laval: wiederbelebt durch eine Gemeinschaft von Künstlern und Kunsthandwerkern

Wintervergnügen: Trüffeln schnüffeln

nen zweiten Grund: Südlich von hier gedeihen bereits die ersten Ölbäume – ein sicheres Zeichen dafür, dass der *Midi* mit seinem Mittelmeerklima beginnt.

Südlich von Montélimar erstreckt sich der Tricastin, ein bewaldeter Höhenzug, der nach Osten abflacht. Er zieht sich zwischen Donzère und Bollène die großen Verkehrswege östlich der Rhône entlang und birgt heute noch geheimnisvolle Spuren der Kelten. Schon lange vor der Römerzeit war ein Stamm des eigenwilligen und intelligenten Volkes hier ansässig, die Tricastini. Ihr Siedlungsgebiet reichte bis Valréas. Im Mittelalter kamen Bautrupps von der bedeutenden Erzdiözese Arles in den

Tricastin, um hier drei Kirchen zu errichten, die zu den schönsten Bauwerken der provenzalischen Romanik zählen: die ehemalige Kathedrale in der einstigen Stammeshauptstadt Saint-Paul-Trois-Châteaux, die Kirche Saint-Michel in dem wieder aufgebauten Dorf La Garde-Adhémar, die aus steiler Höhe weit über das Rhônetal blickt, und die kleine Wallfahrtskirche in dem Felsendorf Saint-Restitut.

MONTÉLIMAR

[110 A–B 1–2] Jahrhundertelang war Montélimar Relaisstation für Postkutschen auf dem Weg von Paris und Lyon nach Süden. Und etwas davon ist der 30 000-Ew.-Stadt bis heute erhalten geblieben. Viele Provencereisende machen in der lebhaften Kleinstadt für eine Nacht Station. Gleich bei der Einfahrt auf den Straßenring, der die Innenstadt umschließt, erblickt man Reklametafeln und eine Reihe von Läden, die eine Süßigkeit anbieten, die Montélimar weithin berühmt gemacht hat: Nougat – jene aus Honig, Mandeln und Eiweiß hergestellte Spezialität, die in unzähligen Läden feilgeboten wird. Aus Handwerksbetrieben des 17. Jhs. hat sich im 20. Jh. ein umsatzstarker Industriezweig entwickelt.

SEHENSWERTES

Altstadt

Die sagenumwobene Geliebte König Heinrichs II. von Frankreich, Diane de Poitiers (1499–1566), die neben vielen Schlössern und Palästen auch das *Palais der Diane de Poitiers (place Emile Loubet)* besessen hat, war ebenso aufregend schön wie raffgierig. Doch die Provenzalen pflegen ihr Andenken. Ihr Name prangt über Restaurants, nach ihr wurden Straßen und Plätze benannt. Weitere Sehenswürdigkeiten sind das *Hôtel de Puy-Montbrun* (1706) mit schönem Portal in der rue du Général Chareton und im Zentrum die *Stiftskirche Sainte-Croix* (Wiederaufbau 17. Jh., Apsis 15. Jh.). Am nördlichen Straßenring, in der rue Pierre-Julien, steht das Stadttor *Saint-Martin.*

Schloss Adhémar

Im 12. Jh. erbaut (verändert im 14. und 16. Jh.), präsentiert sich das Schloss seit 1983 restauriert. Einst war es Sitz der mächtigen Adelsfamilie Monteil-Adhémar, die der Stadt ihren Namen gegeben hat. Die ehemalige Festung hatte zeitweise eine sehr große Bedeutung, weil man von hier aus große Teile des Rhônetals beherrschen konnte. Sehenswert sind die Fresken in der Schlosskapelle. Einen guten Ausblick bis weit über die Rhône genießen Sie von der Schlossterrasse. Ganz in der Nähe führt die steile Rue du Bouton-d'Or hinauf zu einem weiteren Aussichtspunkt mit Bänken zum Ausruhen. *Rue du Château, Sommer tgl. 9.30–11.30 und 14–18, Winter Mi–Mo 9.30 bis 11.30 und 14–17.30 Uhr, 4,50 Euro*

MUSEUM

Seidenmuseum (Musée de la Soie)

Das Museum zeigt in einem ehemaligen Seidenraupenhaus auf unterhaltsame Weise mit kommentierter Besucherführung und Diaschau die Geschichte des teuren Stoffes.

3 km auf der Straße nach Dieulefit in Montboucher-sur-Jabron, März bis Nov. tgl. 9.30–11.30 und 14.30 bis 18.30 Uhr, 5,30 Euro

ESSEN & TRINKEN

Domaine du Colombier
Dem gepflegten Restaurant ist ein sehr komfortables Hotel *(22 Zi., €€€)* angeschlossen. *Malataverne-Barette, 9 km auf der N 7 Richtung Marseille, dann rechts D 844, Tel. 04 75 90 86 86, Fax 04 75 90 79 40, €€–€€€*

Insider Tipp **Francis**
Das kleine Restaurant an der N 7 Richtung Süden bemüht sich um Gourmetqualität. *202, route Marseille (rechte Straßenseite, Parkplatz), Tel. 04 75 01 43 82, €*

La Papillote
Einfaches Restaurant mitten in der Altstadt unter Linden. *2, place du Temple, Tel. 04 75 01 99 28, €*

EINKAUFEN

Die Innenstadtgeschäfte erreichen Sie am besten zu Fuß vom Straßenring aus. Hier dürfen Autos nur im Schritttempo oder gar nicht fahren. Wenn Sie gutes Nougat (aus Honig, Mandeln, Pistazien u. a., gleicht es eher türkischem Honig als dem uns geläufigen, nussbraunen Nougat) kaufen wollen, wählen Sie *nougat doux* (weich und etwas teurer). ★ *Escobar (30, rue Pierre-Julien)* bietet erstklassiges Nougat, Pralinen, Trüffeln und andere Schleckereien.

ÜBERNACHTEN

Printemps
Der kleine, preiswerte Familienbetrieb liegt ruhig im Norden der Stadt abseits der N 7 und bietet neben guter Küche ein Schwimmbad im Garten. *11 Zi., 8, chemin de la Manche, Tel. 04 75 01 32 63, Fax 04 75 46 03 14, €€*

MARCO POLO Highlights »Drôme Provençale«

★ **Dorfromantik aus dem Mittelalter**
Sehenswert in Le Poët-Laval (Seite 32) und Châteauneuf-de-Mazenc (Seite 30)

★ **Saint-Paul-Trois-Châteaux**
Eine der bedeutendsten romanischen Kathedralen (Seite 32)

★ **Suze-la-Rousse**
Das Schloss mit Park lohnt einen Umweg (Seite 33)

★ **Grignan** (Insider Tipp)
Ein Schloss, das die Marquise de Sévigné berühmt gemacht hat (Seite 31)

★ **Escobar**
Eine Adresse in Montélimar für Nougat bester Qualität (Seite 29)

★ **Vinsobres und Roussas**
In diesen beiden Orten können Sie gut Wein einkaufen (Seite 33)

Sphinx
Das gut geführte Hotel erreichen Sie kurz nach der Stadteinfahrt aus Norden (N 7). *25 Zi., 19, boulevard Desmarais, Tel. 04 75 01 86 64, Fax 04 75 52 34 21, €*

AUSKUNFT

Office de Tourisme
Allées Provençales, Tel. 04 75 01 00 20, Fax 04 75 52 33 69

ZIELE IN DER UMGEBUNG

Insider Tipp **Les Baronnies** **[111 E–F 3–4]**
Eine fast vergessene, eindrucksvolle Berglandschaft der Voralpen im Südosten der Drôme. Mit zahlreichen Pässen (etwa 700–1400 m), Tälern und Windungen, gut ausgebauten Straßen und soliden Landgasthöfen für eine Rast. Auskunft im Office de Tourisme des Hauptortes *Buis-les-Baronnies (Tel. 04 75 28 04 59, www.buislesbaronnies.com).*

La Bégude-de-Mazenc **[110 C2]**
Einen Spaziergang wert ist das mittelalterliche Dorf, das auf einem Hügel 15 km östlich von Montélimar oberhalb von La Bégude liegt: ★ *Châteauneuf-de-Mazenc.* Es wurde von Kunsthandwerkern und Ruinenliebhabern aus aller Welt wieder aufgebaut und bietet zwar kein einziges Café, dafür aber romantische, enge Gassen mit schönen Ausblicken. Die Friedhofskapelle (12. Jh.) auf dem höchsten Punkt gehörte zu einer Burg der Grimaldis. Das F*oyer International d'Études Françaises (F.I.E.F., Tel. 04 75 46 21 48, Fax 04 75 46 20 98, €),* ein 1961 gegründetes Studien- und Urlaubszentrum mit insgesamt 80 Betten, hat sich auf deutsche Reisegruppen spezialisiert.

Dieulefit **[111 D2]**
Die bewaldete Berglandschaft ringsum ist für ihr trockenes Heilklima bekannt. Das 3000-Ew.-Städtchen

Oliven von Nyons

La tanche, die schwarze Königin, wächst an bis zu 1000 Jahre alten Bäumen

Sie ist die schwarze Königin von Nyons und hat Frankreich das erste Olivenöl beschert, das 1994 unter der Herkunftsbezeichnung Appellation d'Origine Contrôlée (AOC) eingestuft wurde. Die *tanche,* die schwarze Olive, die jeden Winter ohne allzu viel Bitterstoffe vollreif geerntet wird, ist der Stolz der Drôme Provençale. Rund 200 000 Olivenbäume, darunter sieben, die trotz der großen Fröste 1956 und 1985 über 1000 Jahre alt geworden sind, produzieren das Öl, das in Nyons jedes Jahr am 13. Juli mit einem großen Stadtfest gefeiert wird. Neben Privatmühlen wie *Moulin Autrand-Dozol* mit einer Mühle aus dem 18. Jh. an der römischen Brücke gibt das *Olivenmuseum (place Olivier-de-Serres, Mo–Sa 14.45–18 Uhr, 1,80 Euro)* einen Überblick über die jahrtausendealte Anbaukultur.

Majestätisch und elegant zugleich:das Renaissanceschloss von Grignan

27 km östlich von Montélimar im Tal des Jabron ist ein viel besuchter Kurort für die Behandlung von Atemwegserkrankungen. Kunstkeramiker von hohem Niveau beliefern die Ausstellungen des *Maison de la Terre (parc de la Baume, März–Dez. Di–So 10–12.30 und 14–18.30 Uhr, 2,30 Euro).* Liebhaber von Ziegenkäse sollten eine Spezialität der Gegend probieren, den Picodon.

Insider Tipp **Grignan** **[110 C3]**

★ Von Süden sollten Sie das majestätische Renaissanceschloss zum ersten Mal sehen; den Eindruck vergisst man nicht so leicht. Wer durch das mächtige Wehrtor über die mit kiesbestreute Terrasse zur breiten Freitreppe geht, der spürt die Macht und den Hochmut der Fürsten und Grafen, die im Laufe des Jahres mal in diesem, mal in jenem ihrer Schlösser wohnten, als wären es Hotels. Im 25 km südöstlich von Montélimar gelegenen Grignan war die Marquise de Sévigné (1626–96) mehrfach zu Gast. Hierher schrieb sie rund 1500 Briefe an ihre Tochter, die mit dem Besitzer, dem letzten Grafen Monteil-Adhémar, Statthalter des Königs in der Provence, verheiratet war. Heute bewundern 50 000 Besucher pro Jahr die vielen kleinen Andenken an die *grande dame* und die Eleganz der Räume *(Führungen tgl. 9.30–11.30 und 14 bis 17.30 Uhr, im Winter Di geschl., 4,60 Euro).* Außerdem gibt es Sommernachtsfeste mit Theateraufführungen (Auskunft im *Office de Tourisme, Tel. 04 75 46 56 75, www. guideweb.com/grignan*), und im Winter ist jeden Di *Trüffelmarkt.*

Für Anspruchsvolle gibt es ganz nah an der D 541 bei *Valaurie* ein Restaurant in einem alten Dorf mit Schlossruine, romanischer Kirche und Kunstausstellungen: *La Table de Nicole, Tel. 04 75 98 52 03,* €€

Nyons **[111 D4]**

Der kleine, viereckige Platz am Südrand der Altstadt ist von Arkaden umgeben, in deren entspannender Atmosphäre man sich beim Schlendern von Geschäft zu Geschäft erholen kann. Ein Einkaufstipp sind die Baumwollstoffe mit den farbintensiven provenzalischen Mustern, die hier, auch verarbeitet zu Damenröcken, Taschen und Kinderkleidung, angeboten werden. Jean Giono, der Dichter der Provence, hat Nyons ein »Paradies auf Erden« genannt. Und in der Tat ist die 50 km südöstlich von Montélimar im Schutz von Hügelketten gelegene 6700-Ew.-Stadt mit ihrem milden, trockenen Klima besonders bei älteren Menschen beliebt. Sie finden hier auch im Winter Schutz vor dem Mistral und der Kälte. Lohnend ist ein Spaziergang zu den alten Befestigungen und zum *Vieux Pont,* einer Brücke aus dem 14. Jh., die den Fluss Eygues in einem einzigen kühnen Bogen überspannt. Einmalig ist der Garten der Düfte, der *Jardin des Arômes,* an der promenade de la Digue entlang des Flusses *(Führungen nach Vereinbarung im Office de Tourisme):* 180 Arten von Gewürz-, Heil- und Duftkräutern – und wie man aus ihnen Öle und Essenzen gewinnt.

Insider Tipp

In Nyons wohnt man ruhig am Fluss in den neueren Hotels. Seit 1860 von derselben Familie geleitet wird das Hotelrestaurant *Colombet (25 Zi., Tel. 04 75 26 03 66, Fax 04 75 26 42 37, €€)* an der lebhaften Place de la Libération im Stadtzentrum. Auskunft: *Office de Tourisme, place de la Libération, Tel. 04 75 26 10 35, www.guideweb.com/nyons*

Le Poët-Laval **[110 C2]**

★ Das alte Dorf 20 km östlich von Montélimar auf dem Hügel über der Straße von Montélimar nach Dieulefit verdankt seinen gelungenen Wiederaufbau nach dem Zweiten Weltkrieg einigen Künstlern und Kunsthandwerkern, die heute dort wohnen und arbeiten. Im Mittelalter versorgten hier in ihrer *Komturei (im Sommer Di–So 15–19 Uhr, 3 Euro)* Johanniter durchreisende Kreuzritter. In einem Haus aus dem 14. Jh. ist das Museum der Geschichte des Protestantismus in der Dauphiné eingerichtet *(Musée du Protestantisme Dauphinois, Mitte Juni–Sept. tgl. 15.30–18.30, April–Mitte Juni und Okt. So 15–18 Uhr, 3 Euro).*

Lohnend ist eine Pause bei hausgemachtem Kuchen in der Cafébuchhandlung im Zentrum des Dorfes: *Bouquinerie Dit-elle, La Maison des Remparts, April–Sept. tgl., sonst am Wochenende*

Insider Tipp

Rochegude **[110 B5]**

40 km südlich von Montélimar thront über den Weinhängen eine Festung aus dem 12. Jh., die ein Architekt der Familie des Marquis de Rochegude abgekauft und zu einem Luxushotel mit Restaurant ausgebaut hat, dem *Château de Rochegude (26 Zi., 3 Appartements, von der Autobahnausfahrt Bollène 8 km auf der D 8, Tel. 04 75 97 21 10, Fax 04 75 04 89 87, €€€).* Man isst im Waffenarsenal ab 35 Euro fürs Menü.

Saint-Paul-Trois-Châteaux **[110 B4]**

★ In dieser einstigen Hauptstadt des Tricastin (6500 Ew.) ist die Kathedrale aus dem 12. Jh. die ca. 30 km lange Anreise von Montélimar wert. Sie wird von Experten zu den größten Leistungen der romanischen Baukunst gezählt. Die Kirche ist, um Vandalismus zu stoppen, meist verschlossen (beim Pfarrhaus melden: *12, place de l'Esplan*). Am zweiten So im Februar ist Trüffelfest und jeden Di im Winter *Trüffelmarkt*. In der *Maison de la Truffe et du Tricastin (Mai –Sept. Di–Sa 9 bis 12 und 15–19, So 10–12 und 15–19, Mo 15–19 Uhr, April und Okt. jeweils bis 18 Uhr, Nov.–März geschl., 2,75 Euro)* erhalten Sie Informationen über Trüffeln und Weine des Tricastin. Anspruchsvolle Küche bietet das Restaurant *La Chapelle (impasse L. de Bimard, Tel. 04 75 96 60 88, €€)*.

Suze-la-Rousse **[110 B4]**

★ Weithin sichtbar thront 40 km südlich von Montélimar das mächtige Schloss von Suze über der offenen Landschaft. Vom 12. bis 15. Jh. wurde es auf den Resten einer bereits jahrhundertealten Burg errichtet, der Innenhof im Renaissancestil wurde im 17. Jh. neu gestaltet. Das Schloss, umgeben von einem gepflegten Park, ist heute Sitz der ersten Weinhochschule der Welt. *Schlossführungen 9.30 bis 11.30 und 14–17.30 Uhr, Vor- und Nachsaison Di geschl., 2,60 Euro, Park tgl. bis 20 Uhr im Sommer, sonst bis Sonnenuntergang*

Weinorte

In dem hier besprochenen Reisegebiet gibt es immer wieder Gelegenheiten zum Besuch von Winzern und Weindörfern. Für unsere Leser, die sich in ihrem Weinurteil noch ein wenig unsicher fühlen, nennen wir hier zwei ★ Winzer, bei denen man ohne Zweifel beste Qualität erhält: Insider Tipp Côtes-du-Rhône in *Vinsobres* **[111 D4]** (12 km westlich von Nyons) bei *Cave La Vinsobraise, Pascal Monier;* Tricastinwein in *Roussas* **[110 B3]** (12 km westlich von Grignan) bei der *Domaine de Grangeneuve, Madame Bour.*

Im Hinterland der Rhône: Weinfelder und Weingärten bis zum Horizont

Rund um den heiligen Berg

Wo der Mistral stürmt und die Zikaden zirpen

Obstbäume in endlosen Reihen, riesige Gemüseplantagen und lang gestreckte Felder, mit Rebstöcken bepflanzt: Bei Bollène beginnt mit dem Département Vaucluse auch amtlich die Provence.

Im Westen der Vaucluse prägt die Rhône das Gesicht der Landschaft. Ihr weites Urstromtal ist die große Verkehrsschneise für Schiffe, Eisenbahnen und Autos. Fabriken, Kraftwerke, darunter ein halbes Dutzend Atomkraftwerke, und die Landwirtschaft nutzen ebenfalls das Wasser des breiten Stromes. Die Städte, auch wenn sie nicht unmittelbar am Ufer liegen, sind auf ihn ausgerichtet. Auf den Berg- und Hügelketten säumen Burgen und Schlösser den Flusslauf, wie Mornas, die verfallene Festung auf den Felsklippen bei Orange, oder Tarascon, das mächtige Wehrschloss nördlich von Arles. Und bei Avignon, der Hauptstadt der Vaucluse, gleiten Ausflugsschiffe an dem 58 m hohen Kalkfelsen vorbei, auf dem sich majestätisch der Papstpalast erhebt.

Im Osten und Südosten zeigt die Landschaft ein völlig anderes

Die kieferbestandenen Ockerbrüche von Roussillon sind heute ein beliebtes Ziel von Wanderern

Der Duft der Provence: Lavendelfeld

Gesicht. Weindörfer wie Gigondas oder Vacqueyras liegen am Fuß der gezackten Felsspitzen, der Dentelles de Montmirail, die kaum 700 m hoch, aber ein Kletterparadies für Bergsteiger sind. Beherrscht wird das Land vom Mont Ventoux, dem mit 1909 m höchsten Berg der Provence, dem die alten Kelten den Namen »Der Windumtoste« gegeben haben. Steinhäuser und Lavendelfelder prägen schließlich den Lubéron, den Gebirgszug an der Grenze zu den Nachbardépartements Bouches-du-Rhône und Alpes-de-Haute-Provence.

APT

[114–115 C–D3] Die kleine Stadt (11 500 Ew.) ist weltweit größter Produzent kandierter Früchte und

Zentrum der französischen Ockerproduktion. Wenn am Samstagmorgen von 8 bis 13 Uhr der Wochenmarkt die ganze Altstadt lebendig macht, strömen selbst die Besucher weit entfernter Dörfer nach Apt.

SEHENSWERTES

Altstadt

Beim Spaziergang durch die alten, engen Straßen sehen Sie Bürgerhäuser mit schönen Portalen (16./17. Jh.), den neuen Bischofspalast (18. Jh.), Brunnen und das alte Stadttor aus dem 14. Jh., die *Porte de Saignon.* An die Zeit, da Apt eine blühende römische Stadt war – Apta Julia Vulgentium –, erinnert heute leider fast nichts mehr. Bemerkenswert ist die *Cathédrale Sainte-Anne (Di–So 10–12 und 15 bis 17, im Winter 14–16 Uhr)* mit ihrer Krypta auf zwei Ebenen: Das Obergeschoss mit einem Altar aus dem 5. Jh. ist aus romanischem Mauerwerk, das Untergeschoss aus der Zeit der Karolinger.

ESSEN & TRINKEN

Chat qui pèche

Insider Tipp

Kleines Restaurant mit regionalen Spezialitäten. *237, cours Lauze de Perret, Tel. 04 90 74 66 00, €*

Le Platane

Restaurant, das eine Charta für natürliche Kost und regionale Küche unterschrieben hat. *8, rue Jules Ferry, Tel. 04 90 04 74 36, €*

EINKAUFEN

In Apt sollten Sie das große Angebot an kandierten Früchten nutzen, etwa bei der *Confiserie Saint-Denis* im Quartier Jeanselme im Vorort Gargas oder in der großen Fabrik *Aptunion* an der Route Nationale 100. Keramik, die seit Generationen von derselben Familie hergestellt wird, finden Sie bei *Jean Faucon (12, avenue Victor Hugo).* In derselben Straße wird ein guter Côtes du Lubéron *(Château de l'Isolette)* vom Produzenten verkauft.

Am Samstagmorgen strömt das ganze Umland auf den Marktplatz von Apt

MARCO POLO Highlights »Vaucluse«

★ **Antikes Theater in Orange**
Das besterhaltene römische Theater (Seite 50)

★ **Mont Ventoux**
Der »Riese der Provence« mit seiner kahlen Kuppe – mit 1909 m der höchste Berg der Region (Seite 54)

★ **Grand Canyon du Verdon**
Eine Fahrt durch die Felsenschlucht gehört zu den aufregendsten Naturerlebnissen in Europa (Seite 38)

★ **Papstpalast in Avignon**
Mehr Festung als Palast – hier lebten die Päpste (Seite 42)

★ **Pont du Gard**
Der Aquädukt ist eins der schönsten Ausflugsziele – eine beeindruckende Meisterleistung römischer Baukunst (Seite 48)

★ **Sènanque**
Das abgeschieden gelegene Zisterzienserkloster ist ein besonders eindrucksvoller romanischer Bau der Provence (Seite 41)

★ **Vaison-la-Romaine**
Eigentlich formen drei Städte die heutige Stadt am Ouvèze: eine römische, eine mittelalterliche und eine moderne (Seite 52)

ÜBERNACHTEN

Insider Tipp **Auberge du Lubéron**
Das kleine Hotel mit provenzalisch eingerichteten Zimmern hat ein weithin bekanntes Restaurant. *14 Zi., 8, place du Faubourg du Ballet, Tel. 04 90 74 12 50, Fax 04 90 04 79 49,* €€

Relais de Roquefure
Provenzalischer Hof 6 km außerhalb der Stadt an einer Nebenstraße der N 100. *16 Zi., Domaine de Roquefure, Tel. 04 90 04 88 88, Fax 04 90 74 14 86,* €€

AUSKUNFT

Office de Tourisme
20, avenue Philippe-de-Girard, Tel. 04 90 74 03 18, Fax 04 90 04 64 30

ZIELE IN DER UMGEBUNG

Château-Arnoux **[116 B1]**
Die Kleinstadt (5000 Ew.) 70 km nordöstlich an der Route Napoléon zwischen der Montagne de Lure und der Hochebene von Valensole mit ihren endlosen Lavendelfeldern ist bekannt für ihr Segelflugzentrum und das luxuriöse Feinschmeckerrestaurant und Hotel *La Bonne Étape (11 Zi., 7 Appartements, chemin du Lac, Tel. 04 92 64 00 09, Fax 04 92 64 37 36,* €€€*).*

Fontaine-de-Vaucluse **[114 B3]**
Die Sorgue, ein bis zu dieser Stelle unterirdischer Fluss, sprudelt hier ans Tageslicht und durchfließt eine breite Schlucht, in der Francesco Petrarca (1304–74) 16 Jahre gelebt und seine unsterblichen Gedichte

an die unerreichbare Geliebte Laura de Sade geschrieben hat. Heute erinnert ein kleines Museum an den italienischen Dichter *(Musée-Bibliothèque Pétrarque, April–Okt. Mi bis Mo 10–12 und 14–18 Uhr, 3 Euro).*

Das 30 km westlich von Apt gelegene Dorf (600 Ew.) ist im Sommer von Touristen überlaufen. Im Frühling sprudelt die Quelle mit bis zu 150 m^3 Wasser pro Sekunde. Auskunft: *Office de Tourisme, chemin de la Fontaine, Tel. 04 90 20 32 22, Fax 04 90 20 21 37*

Ganagobie **[116 A–B2]**

Das einst mächtige Benediktinerkloster 60 km nordöstlich zwischen Forcalquier und Château-Arnoux in der Hochprovence ist wieder von Mönchen bewohnt. Eindrucksvoll das figurenreiche Portal und das Insider Tipp schönste romanische Fußbodenmosaik Frankreichs. *An der D 30, Di–So 15–17 Uhr, Eintritt frei*

Gordes **[114 B3]**

Das Mitte des 20. Jhs. fast verlassene Bergdorf hat heute wieder über 2000 Ew. Der ungarische Op-Art-Künstler Victor Vasarély hat das Renaissanceschloss auf dem Felsen für sich restaurieren lassen. Heute beherbergt es das Lebenswerk des belgischen Malers Pol Mara *(Mi–Mo, Juli/Aug. tgl. 10–12 und 14–18 Uhr, 4 Euro).*

Einblick in die Bauweise von uralten Steinhütten ohne Mörtel, hier *bories* genannt, bekommen Sie im Freilichtmuseum *Village des Bories* Insider Tipp *(tgl. 9 Uhr–Sonnenuntergang, 5 Euro)* 3 km vor Gordes Richtung Cavaillon. Auskunft: *Office de Tourisme, Le Château, Tel. 04 90 72 02 75*

Grand Canyon du Verdon **[116–117 C–E 3–5]**

★ Der Grand Canyon du Verdon gut 100 km östlich gehört zu den bedeutendsten Naturdenkmälern in Europa. Der aus einer Höhe von 2500 m kommende Gebirgsfluss hat sich hier quer durch die Kalkfelsen der Voralpen gegraben und den Weg ins Tal der Durance erzwungen. Die grauen Felswände zu beiden Seiten der engen Schlucht fallen bis zu 700 m senkrecht in die Tiefe ab. Am Grund

Schloss Vasarély in Gordes zeigt die Werke des belgischen Malers Pol Mara

sieht man im das jadegrüne Wasserband. Trotz Zähmung durch zahlreiche Talsperren ist die Schlucht für Kajakfahrten und Fußwanderungen nicht ungefährlich, weil der Wasserspiegel nach starken Regenfällen oder Schleusenöffnungen sehr rasch steigt. Man sollte sich vorher im *Office de Tourisme von Moustiers (rue de la Bourgade, Tel. 04 92 74 67 84, www.ville-moustiers-sainte-marie.fr)* oder in der *Maison du Parc Naturel Régional du Verdon (Hôtel de Ville, Tel. 04 92 74 63 95)* erkundigen.

Zwei Bergstraßen, die eine am Südufer *(Corniche Sublime)*, die andere am Nordufer *(Corniche des Crêtes)* der Schlucht, bieten eine Fülle von Aussichtspunkten. Zu beiden Seiten der Schlucht verlaufen Fernwanderwege: im Norden der GR 4 nach Moustiers, im Süden der GR 99.

Knapp 30 km südwestlich von Moustiers, am anderen Ende des Stausees und Wassersportzentrums von Sainte-Croix, hat der britische Architekt Norman Foster, der die Glaskuppel auf den Berliner Reichstag setzte, in das kleine, unscheinbare 350-Ew.-Dorf *Quinson* am Ufer des Verdon ein hypermodernes Museum der Vorgeschichte gebaut. 19 Säle erklären die prähistorischen Epochen *(Musée de Préhistoire des Gorges du Verdon, Mitte Juni–Mitte Sept. tgl., sonst Mi–Mo 10–19 Uhr, Mitte Dez.–Jan. geschl., 5,50 Euro, www.museeprehistoire.com)*.

Insider Tipp

Lubéron [114–115 B–E 3–5]

Insider Tipp

Hier sieht die Provence wirklich so aus wie auf Postkarten: Lavendelfelder, Steinhäuser, prächtige Schlösser, wunderschöne Felsendörfer, Ockersteinbrüche, tiefe Schluchten, fruchtbare Täler und dürre Hochebenen mit atemberaubenden Aussichten. Der Lubéron, seit Urzeiten besiedelt, hat sich seinen ganz eigenen, im Wesentlichen von der Landwirtschaft geprägten Charakter erhalten und ist heute zu einem zum Teil schon luxuriösen Kleinod für Entdeckungsreisende geworden, denen Ruhe und Natur wichtig sind.

Grand Canyon du Verdon: Talsperren zähmen den Gebirgsfluss

Albert Camus (1913–1960), Schriftsteller und Nobelpreisträger, hatte sich in Lourmarin niedergelassen. Das Dorf wird dominiert von einem *Renaissanceschloss (Sommer tgl. 10–11.30 und 15–18, Winter tgl., Jan. nur Sa/So 11–16.30*

Die Rotweine aus dem Lubéron sind längst kein Geheimtipp mehr

Uhr, 4,50 Euro), das heute Kunststipendiaten beherbergt. Ein Tipp für Liebhaber alter Schlösser: Von Lourmarin führt die *Route des Châteaux du Sud Lubéron* nach Ansouis und La Tour d'Aigues, wo zwei der prächtigsten Schlösser der Provence zu besichtigen sind.

Insider Tipp

Eine weitere lohnende Route durch den Lubéron folgt den Spuren der Waldenser, die im frühen Mittelalter die Region besiedelten, wegen ihres Glaubens aber im 16. Jh. grausam abgeschlachtet wurden. Vernichtet wurden ganze Waldenserdörfer wie Mérindol, Lacoste, Lourmarin, Cabrières d'Aigues, Oppède oder Buoux.

Eine Renaissance erlebt die Herstellung von Lavendelöl. Informationen über den Duft aus violetten Blüten und Routenvorschläge gibt es unter *www.routes-lavande.com.* Lohnend ist ein Besuch im Lavendelmuseum von Coustellet *(Musée de la Lavande, März–Dez. tgl. 10 bis 12 und 14–18, Sommer bis 19 Uhr, 2,20 Euro).*

Zwei Höhepunkte erwarten Wanderer und Kletterer: Die Ausblicke vom 1125 m hohen *Mourre Nègre* sind überwältigend, die Felsenwände bei der ehemaligen Festungsanlage *Buoux* ein Genuss für Extremsportler.

Die ideale Adresse, um alles über den Lubéron zu erfahren, ist das Haus des regionalen Naturparks in Apt *(Maison du Parc Naturel Régional du Lubéron, 60, place Jean-Jaurès, Mo–Sa 8.30–12 und 13.30 bis 19, Winter bis 18 Uhr, www.parcduluberon.com).* Hier ist eine intelligent gemachte, teilweise interaktive Ausstellung über den Gebirgszug, seine Dörfer, Menschen, Fauna und Flora eingerichtet.

Manosque [115 F4]

In dieser Stadt von 20 000 Ew. hat Jean Giono (1895–1970) den größten Teil seines Lebens verbracht und immer wieder das pietätlose Abreißen alter Häuser kritisiert. In der weitgehend erhaltenen Altstadt ist ein Giono-Zentrum eingerichtet *(Centre Giono, 3, boulevard Bourges, Tel. 04 92 70 54 54)*, das literarische Spaziergänge und Ausstellungen organisiert. Auskunft: *Office de Tourisme, place Docteur-Joubert, Tel. 04 92 72 16 00, Fax 04 92 72 58 98*

Pont Julien **[114 C3]**
Ein technisches Meisterwerk der Römer 7 km westlich von Apt. Die Bauweise beschleunigt bei Hochwasser das Abfließen des Flusses Calavon. Wer beim Blick auf die Brücke Durst auf biologisch angebauten Rotwein verspürt, ist bei Biopionier Jean-Pierre Margan im Insider Tipp *Château Canorgue (route du Pont Julien, Bonnieux, Tel. 04 90 75 81 01, im Sommer Mo–Sa 9–12 und 15–17 Uhr)* gut aufgehoben.

Roussillon **[114 C3]**
Die Farbe ist einmalig, selbst in der farbenprächtigen Provence: ein leuchtendes Ockerrot. Das kleine Bergdorf (rund 1200 Ew., 13 km von Apt) am Nordrand des weiten Calavontales ist ein Dorf wie viele andere: niedrige, verschachtelte Häuser rund um die Kirche. Aber es steht auf einem Sockel aus Ocker wie ein flammendes Ausrufungszeichen. Schon die alten Römer holten sich hier den Farbstoff zum Einfärben ihrer Togen. Heute haben synthetische Farben das Naturprodukt verdrängt. Eine zweite Ockerlandschaft bietet der *Colorado von Rustrel* östlich von Apt.

Sénanque **[114 B3]**
★ Eine Atmosphäre tiefen Friedens und vollendeter Harmonie umfängt den Besucher der im 12. Jh. gegründeten Zisterzienserabtei, die mit den Klöstern Silvacane und Le Thoronet zu den bedeutendsten Bauten der provenzalischen Romanik gehört. Die Schlichtheit der For-

Das leuchtende Rot der Ockerbrüche prägt viele Fassaden in Roussillon

men, der weitgehende Verzicht auf Ausschmückung, die abgeschiedene Lage verstärken den Zauber. In die von Lavendelfeldern umgebene Abtei sind 1989 die Mönche zurückgekehrt. *März–Okt. Mo–Sa 10 bis 12 und 14–18, So 14–18 Uhr, Nov.–Feb. Mo–Fr 14–17, Sa/So 14 bis 18 Uhr, 4,50 Euro*

AVIGNON

Karte auf Seite 44

[113 E3] Mitten in einer Großstadt (87 000 Ew.) eine Festung: die zwei Paläste der Päpste mit glatten, bis zu 50 m hohen Mauern, Wehrtürmen, Schießscharten und Zinnen. Nur wenige Schritte davon entfernt die place de l'Horloge, der Uhrturmplatz, auf dem im Sommer zur Festspielzeit bis in die Nacht hinein Tausende vorwiegend junger Touristen in den Cafés sitzen.

Fast alles, was sehenswert und wichtig ist in der Hauptstadt des Départements Vaucluse, die im Jahr 2000 eine der Kulturhauptstädte Europas war, findet man innerhalb der 4,3 km langen Stadtmauer (*remparts*, 14. Jh.). Der Stadtgraben ist zugeschüttet und heute eine Ringstraße. Parkplätze an der Mauer erleichtern den Eintritt in die Stadt, die sich problemlos zu Fuß erobern lässt.

SEHENSWERTES

Eine Minibahn fährt in 40 Minuten zu den Sehenswürdigkeiten der Stadt *(Abfahrt auf dem Platz vor dem Papstpalast, Mitte März–Mitte Okt. tgl. 10–19 Uhr, 5 Euro, Kinder 3,75 Euro).*

Kardinalspaläste (Livrées)
Schöne Fassaden und Innenhöfe der alten Residenzen und Bürgerhäuser finden Sie beim Spaziergang durch die Innenstadt, z. B.: *7, rue du Roi René; 5, rue Dorée (Hôtel de Sade,* 16. Jh.); *place du Palais* die Alte Münze, ein Barockpalast; *place Saint-Didier,* ein Palais aus dem 14. Jh.; *3, rue du Collège-du-Roure* (15. und 17. Jh.).

Papstpalast (Palais des Papes)
★ Die mächtige Papstfestung auf einem Felsen über der Rhône macht deutlich, über wie viel irdische Macht die hier fast 70 Jahre lang residierenden Diener des Christentums im 14. Jh. geboten. Zu der riesigen Anlage gehört die Kathedrale Notre-Dame-des-Doms, an die sich der päpstliche Garten mit einem Weinberg und einer Aussichtsplattform anschließt. In dem Doppelpalast – *Palais-Vieux* und *Palais-Neuf* – wandern Sie wie die jährlich rund 500 000 Besucher größtenteils durch leere Räume. Nur einige Fresken italienischer Künstler sind geblieben, die Inneneinrichtung ist während der Französischen Revolution zerstört worden. Der Alte Palast spiegelt aber immer noch den asketischen Lebensstil des ehemaligen Zisterziensermönches Benedikt XII. wider, während der Neue Palast noch die Prachtliebe des Juristen und Politikers Klemens VI. erahnen lässt.

Jeden Sommer wird im Papstpalast eine große Kunstausstellung organisiert, der Innenhof mit seiner riesigen Freilichtbühne ist zentraler Veranstaltungsort der Theaterfestspiele. *Sommer tgl. 9–19, Juli bis 21 Uhr, Winter 9.30–17.45 Uhr, Kopfhörer mit Erklärungen in deutscher*

Sprache, 7,50 Euro, www.palais-des-papes.com

Place de l'Horloge

Vom Papstpalast ist es nur eine Gasse weit zum zentralen Treffpunkt Avignons. Die Place de l'Horloge mit Dutzenden von Cafés und Restaurants, der Oper, dem Rathaus (19. Jh.) und dem Uhrturm (14./15. Jh.) ist im Sommer das Dorado der Straßenmusiker.

Pont Saint-Bénézet

Die berühmte Brücke von Avignon, seit dem 17. Jh. nur noch ein Torso in der Rhône, war schon immer zu eng, um darauf zu tanzen. Gefeiert wurde auf der Insel Barthelasse im Fluss. *Tgl. 9–19, Winter 9.30 bis 17.45 Uhr, 3 Euro*

Die Place de l'Horloge: Avignons tags wie abends belebte Flaniermeile

MUSEEN

Collection Lambert

Wechselausstellungen mit zeitgenössischer Kunst aus der Sammlung Lambert im renovierten Palais. *Hôtel de Caumont, 5, rue Violette, Di bis So 11–18 Uhr, Sommer bis 19 Uhr, 5,40 Euro, www.collection lambert.com*

Insider Tipp **Fondation Angladon**

Kunststiftung des Künstlerpaares Jean und Paulette Angladon-Dubrujeaud mit Meisterwerken des 19. und 20. Jhs. von Cézanne, Van Gogh, Picasso, Degas, Modigliani und anderen. *5, rue Laboureur, Mi bis So 13–19, Winter bis 18 Uhr, 4,50 Euro*

Musée Calvet

Das schöne Stadtpalais (18. Jh.) beherbergt 4000 Jahre alte Stelen mit einer mundlosen Todes- und Muttergöttin, die hier gefunden wurden, griechische Skulpturen und eine Gemäldesammlung des 16. bis 19. Jhs. mit Arbeiten von Joseph Vernet (1714–1789), der in Avignon lebte. *65, rue Joseph Vernet, Mi–Mo 10–13 und 14–18 Uhr, 4,50 Euro*

Musée Lapidaire

Archäologische Sammlung mit dem Tarasque de Noves, einem steinernen Ungeheuer aus dem 3. Jh. v. Chr., das als Symbol für das ungebändigte Wesen der Rhône steht. *27, rue de la République, Mi–Mo 10–13 und 14–18 Uhr, 1,50 Euro*

Petit Palais

300 Bilder der italienischen Schule des 13./14. Jhs., Leihgaben aus dem Louvre, ein Überblick über die Schule von Avignon im 15./16. Jh. sowie gotische und romanische Skulpturen in einem häufig umgebauten Kardinalspalast aus dem 14./15. Jh. *Place du Palais, Mi–Mo 10–13 und 14–18 Uhr, 4,50 Euro*

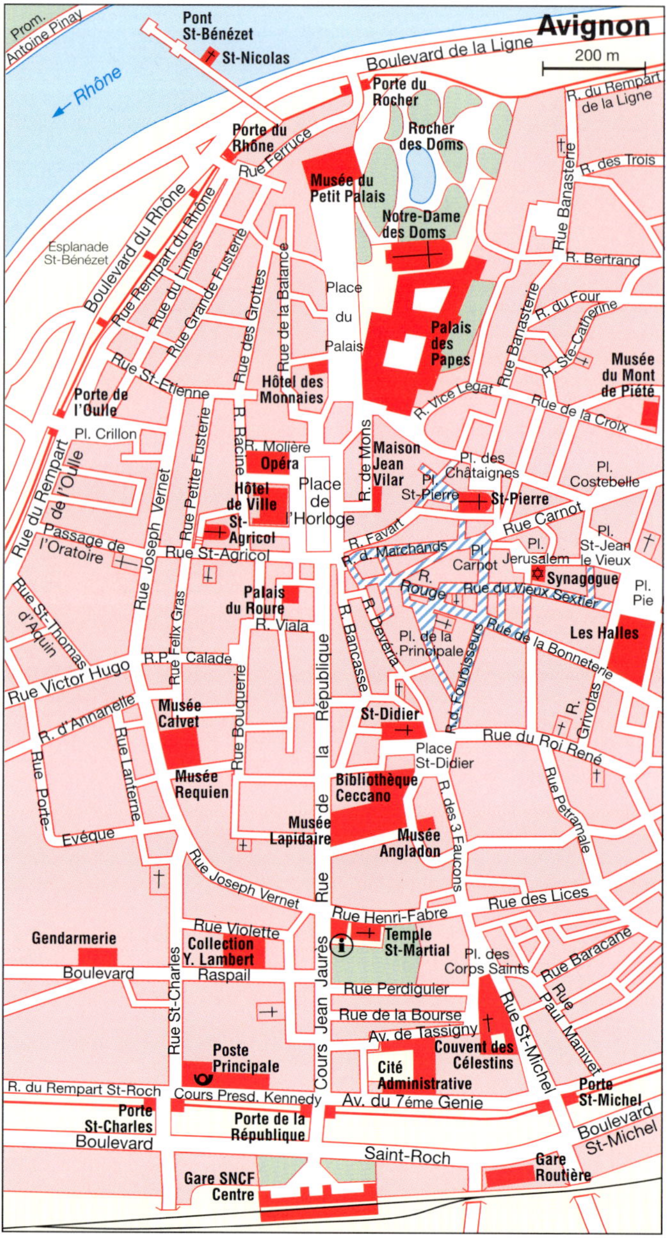
Avignon
200 m
Prom. Antoine Pinay
Rhône
Pont St-Bénézet
St-Nicolas
Boulevard de la Ligne
Porte du Rocher
Rocher des Doms
R. du Rempart de la Ligne
Porte du Rhône
Rue Ferruce
Musée du Petit Palais
Notre-Dame des Doms
R. des Trois
Rue Banasterie
R. Bertrand
Esplanade St-Bénézet
Boulevard du Rhône
Rue Rempart du Rhône
Rue du Limas
Rue Grande Fusterie
Rue des Grottes
Rue de la Balance
Place du Palais
Palais des Papes
R. du Four
R. Ste-Catherine
Musée du Mont de Piété
Rue St-Etienne
Porte de l'Oulle
Hôtel des Monnaies
R. Vice Legat
Rue de la Croix
Pl. Crillon
Rue Petite Fusterie
R. Racine
R. Molière
Opéra
R. de Mons
Maison Jean Vilar
Pl. des Châtaignes
Pl. Costebelle
Rue du Rempart de l'Oulle
Rue Joseph Vernet
Hôtel de Ville
Place de l'Horloge
Pl. St-Pierre
St-Pierre
Rue Carnot
St-Agricol
Passage de l'Oratoire
Rue St-Agricol
R. Favart
R. d. Marchands
Pl. Carnot
Pl. Jerusalem
Pl. St-Jean le Vieux
Synagogue
Pl. Pie
R. Rouge
Rue du Vieux Sextier
Rue St-Thomas d'Aquin
Palais du Roure
R. Viala
R. Bancasse
R. Deveria
Pl. de la Principale
Rue des Fourbisseurs
Rue de la Bonneterie
Les Halles
Rue Felix Gras
R.P. Calade
Rue Victor Hugo
Rue Bouquerie
Rue de la République
R. Grivolas
Musée Calvet
St-Didier
R. d'Annanelle
Rue Lanterne
Rue du Roi René
Place St-Didier
Rue Porte-Evêque
Musée Requien
Bibliothèque Ceccano
R. des 3 Faucons
Rue Petramale
Musée Lapidaire
Musée Angladon
Rue Joseph Vernet
Rue des Lices
Rue Henri-Fabre
Rue Violette
Temple St-Martial
Gendarmerie
Collection Y. Lambert
Pl. des Corps Saints
Rue Baracane
Boulevard Raspail
Rue Perdiguier
Rue Paul Manivet
Rue St-Charles
Rue de la Bourse
Cours Jean Jaurès
Av. de Tassigny
Couvent des Célestins
Rue St-Michel
Poste Principale
Cité Administrative
R. du Rempart St-Roch
Cours Presd. Kennedy
Av. du 7éme Genie
Porte St-Michel
Porte St-Charles
Porte de la République
Boulevard St-Michel
Boulevard Saint-Roch
Gare SNCF Centre
Gare Routière

ESSEN & TRINKEN

Insider Tipp Entrée des Artistes

Eng, aber gemütlich und gut ist es in der Bistroatmosphäre, im Sommer kleine Terrasse. *1, place des Carmes, Tel. 04 90 82 46 90, €€*

Christian Étienne

Provenzalischer Sternekoch in einem Palast aus dem 14. Jh. Spezialität sind Trüffeln und Tomaten. *10, rue de Mons, Tel. 04 90 86 16 50, €€€*

La Férigoulo

Wer mit den Kindern nicht in die Fastfoods will, ist hier gut aufgehoben (leider nur von April bis Oktober): Gemütlich ists, familienfreundlich, wohlschmeckend. *10, rue rempart du Rhône, Tel. 04 90 82 10 28, €–€€*

Wooloomooloo

Modetreff mit origineller Dekoration an einer der schönsten Gassen der Altstadt. *16, rue des Teinturiers, Tel. 04 90 85 28 44, €€*

EINKAUFEN

Geschäfte für elegante Kleidung und Schuhe finden Sie im Fußgängerviertel neben der place de l'Horloge und in der rue Joseph-Vernet.

Librairie Roumanille

Für Kenner und Sammler kostbarer alter Bücher – eine erste Adresse mit langer Tradition. *19, rue Saint-Agricol*

Märkte

Immer morgens von 8 bis 13 Uhr. Blumen: *Sa, place des Carmes;* Flohmarkt: *So, place des Carmes;* Lebensmittel: *Fr, place Crillon;* Wochenmarkt: *Di–So, Les Halles;* Krämermarkt: *Sa/So, rempart Saint-Michel*

ÜBERNACHTEN

Angleterre

Das solide Hotel liegt in der Innenstadt nicht weit vom Bahnhof entfernt. *40 Zi., 29, boulevard Raspail, Tel. 04 90 86 34 31, Fax 04 90 86 86 74, www.hoteldangleterre.fr, €€*

Blauvac

Kleines, ruhiges Hotel ein paar Schritte von der place d'Horloge entfernt. *16 Zi., 11, rue de la Bancasse, Tel. 04 90 86 34 11, Fax 04 90 86 27 41, €€*

Den schönsten Blick auf Avignon haben Sie vom anderen Ufer der Rhône

La Mirande
Eines der schönsten, luxuriösesten Hotels der Provence. Ein deutscher Ingenieur und seine Frau haben einen Adelspalast mit Renaissancefassade renoviert und geschmackvoll eingerichtet mit alten Möbeln, Samt und Seide. *20 Zi., 4, place Amirande, Tel. 04 90 85 93 93, Fax 04 90 86 26 85, www.la-mirande.fr,* €€€

AM ABEND

Avignon ist nicht nur im Sommer während der Festivalzeit sehr lebendig. Die Szene trifft sich außerhalb des Sommers im *Grand Café (4, escalier Sainte-Anne)*, einer alten Lagerhalle mit Restaurant, Café und Bar. Im Juli und August geschlossen ist das Kabarett *Rouge-Gorge (10 bis, rue Peyrolerie, Tel. 04 90 14 02 54, www.lerougegorge.fr)* mit Livekonzerten und Revues. Techno- und Housepartys am Wochenende organisiert das *Red Zone (25, rue Carnot, Tel. 04 90 27 02 44)*.

AUSKUNFT

Office de Tourisme
41, cours Jean-Jaurès, Tel. 04 32 74 32 74, Fax 04 90 82 95 03, www.avignon-tourisme.com, www.ot-avignon.fr

ZIELE IN DER UMGEBUNG

Carpentras **[114 A1]**
Die Stadt gut 20 km nordöstlich (26 000 Ew.) war im 14. Jh. Hauptstadt des Comtat Venaissin, des Landbesitzes der Päpste in der Provence. Der Freitagsmarkt in der Altstadt zählt zu den größten Märkten der Provence. Im Winter ist der Markt zudem der wichtigste Umschlagplatz der Region für die schwarzen Trüffeln.

Sehenswert sind die *Kathedrale Saint-Siffrein* (15. Jh.), die perfekt

Den Besuch in Châteauneuf sollten Sie mit leerem Kofferraum antreten

erhaltene Apotheke aus dem 18. Jh. im Krankenhaus *(Hôtel Dieu, place Aristide Briand, Mo, Mi, Fr 9 bis 11.30 Uhr, 1,30 Euro)*, die *Synagoge (place de la Mairie, Mo–Fr 10 bis 12 und 15–17 Uhr, 4 Euro)*, im 18. Jh. über den Resten der ältesten jüdischen Gebetsstätte Frankreichs (14. Jh.) errichtet, und die im 19. Jh. mit Glas überdachte *Passage Boyer.* Auskunft: *Office de Tourisme, 170, allées Jean-Jaurès, Tel. 04 90 63 57 88, Fax 04 90 60 41 02, www.tourisme.fr/carpentras*

Cavaillon **[114 A3–4]**
Die 20 km südöstlich gelegene Stadt (25 000 Ew.) beherbergt den bedeutendsten Obst- und Gemüsegroßmarkt Südfrankreichs und gilt als Hauptstadt der Melone. Die *Synagoge (Sommer Mi–Mo 9.30–12.30 und 14.30–18, Winter 9–12 und 14 bis 17 Uhr, 3 Euro)* wurde wie in Carpentras im 18. Jh. wieder aufgebaut. Auskunft: *Office de Tourisme, place François Tourel, Tel. 04 90 71 32 01, Fax 04 90 71 42 99, www.cavaillon.com*

Châteauneuf-du-Pape **[113 E2]**
Wer etwas von Rotwein versteht, wird dieses berühmte Dorf (2000 Ew.) knapp 20 km nördlich, das 1936 die erste Herkunftsbezeichnung Appellation d'Origine Contrôlée (AOC) Frankreichs bekam, nicht auslassen. Ein wenig Vorsicht und gute Weinkenntnisse sind jedoch bei jeder Weinprobe angebracht. Gute Adressen sind unter anderem *Château Rayas, Château Mont-Redon, Domaine du Vieux Télégraphe.* Auskunft: *Office de Tourisme, place du Portail, Tel. 04 90 83 71 08, Fax 04 90 83 50 34, http://perso.wanadoo.fr/ot-chato9-pape*

L'Isle-sur-la-Sorgue ist Treffpunkt für Sammler und Nostalgiker

L'Isle-sur-la-Sorgue **[114 A3]**
Das »Klein-Venedig« mit seinen vielen Kanälen und alten, bemoosten Wasserrädern an der Sorgue und Dutzenden von Brücken gehört zu den beliebtesten Zielen von Provencereisenden. Grund dafür sind das reiche Kulturprogramm, die inzwischen sieben »Antiquitätendörfer«, die L'Isle-sur-la-Sorgue (17 000 Ew., gut 20 km östlich) zum zweitwichtigsten französischen Handelsplatz dieser Sparte nach Paris machen, sowie der farbenprächtige provenzalische Markt jeden Donnerstag und Sonntag. Höhepunkt ist der *marché flottant* am ersten Augustsonntag, bei dem Händler ihre Waren auf Flachbooten *(negochin)* zu den Kunden bringen. Auskunft: *Office de Tourisme, place de la Liberté, Tel. 04 90 38 04 78, Fax 04 90 38 35 43, www.ot-islesurlasorgue.fr*

Insider Tipp

Pernes-les-Fontaines **[114 A2]**
Wenn Sie auf der D 212 von Carpentras kommen, sehen Sie die Sehenswürdigkeiten der Kleinstadt 20 km östlich (10 000 Ew.) direkt vor sich: vor dem Flüsschen Nesque die Kirche *Notre-Dame-de-Nazareth* (11./12. Jh.), das *Notre-Dame-*

Tor aus dem 16. Jh. mit dem *Cormoran-Brunnen* (18. Jh.), dem schönsten der insgesamt 36 Brunnen, die an die Zeiten erinnern, als Pernes-les-Fontaines Hauptstadt der Grafschaft Venaissin war (bis 1320). Auskunft: *Office de Tourisme, place Gabriel Moutte, Tel. 04 90 61 31 04, Fax 04 90 61 33 23, www.ville-pernes-les-fontaines.fr*

Pont du Gard **[112 C3]**
★ Eine Wasserleitung aus dem 1. Jh., die zu einem technischen Kunstwerk voller Harmonie und Schönheit wurde. Die im Licht der Nachmittagssonne goldgelb schimmernden Arkaden spiegeln sich im Wasser des Flusses Gardon. Über den dreistöckigen Aquädukt brachten die Römer täglich 20 000 m^3 Wasser aus den Bergen 50 km weit nach Nîmes mit seinen damals mindestens 50 000 Ew. Die einzelnen mörtellos miteinander verfugten Steinquader der Wasserbrücke wiegen 6 bis 8 t. Der Pont du Gard bei Remoulins gut 20 km westlich im Département Gard, von der Unesco als Weltkulturerbe eingestuft, ist seit dem Frühjahr 2000 Teil einer großen Anlage mit Restaurants, Boutiquen, Multimediaausstellungen, Wanderlehrpfaden und Dokumentationszentrum. *Domaine du Pont du Gard, tgl. 9.30 bis 22, Winter 9.30–18.30 Uhr, gebührenpflichtiger Parkplatz, Pauschalpass für Aktivitäten 10,50 Euro*

Thouzon-Höhle **[113 F3]**
Die 230 m lange, 1902 entdeckte Höhle mit farbigen Tropfsteinen liegt 15 km östlich bei Le Thor an der D 16. *Führungen April–Okt. tgl. 10–12 und 14–18 (Juli/Aug. 10 bis 18.30) Uhr, Nov.–März So 14 bis 18 Uhr, 6,50 Euro*

Venasque **[114 B2]** Insider Tipp
30 km östlich eines der schönsten Dörfer der Provence mit einer Kirche aus dem 12. Jh. und dem Baptisterium aus dem 6. Jh., einem der

Frankreichs schönste Wasserleitung, der Pont du Gard, überspannt den Gardon

ältesten christlichen Baudenkmäler ganz Frankreichs. Direkt an der alten Stadtmauer liegt das Hotel *Les Remparts (5 Zi., rue Haute, Tel./Fax 04 90 66 02 79, €€)*. Auskunft: *Office de Tourisme, Grand'Rue, Tel. 04 90 66 11 66*

Villeneuve-lès-Avignon **[113 E3]**
Die Stadt der Kardinäle (12 000 Ew.) im Département Gard mit dem schönsten Blick auf Avignon, die Stadt der Päpste. Außer den eindrucksvollen Festungs- und Klosterbauten sind hier am westlichen Rhôneufer gegenüber von Avignon Kunstschätze von Weltgeltung zu bewundern. Lohnend ist der Besuch der *Chartreuse du Val de Bénédiction (60, rue de la République, tgl. 9.30–17.30, Sommer bis 18.30 Uhr, Führungen 5 Euro, www.chartreuse.org)*, des ältesten Kartäuserklosters Frankreichs aus dem 14. Jh. Die Anlage, eine regelrechte Stadt in der Stadt, beherbergt in der Klosterkirche das Grabmal ihres Gründers, des Papsts Innozenz VI., und ist bei den Festspielen von Avignon Schauplatz für Workshops und Konzerte.

Die Festung mit der Klosterruine von Saint-André *(Fort et Abbaye Saint-André, Sommer tgl. 10–18, Winter 10–13 und 14–17 Uhr, 4 Euro)* auf dem Andaon-Berg besticht mit ihren italienischen Gärten. Der westliche Turm bietet eine herrliche Aussicht auf Avignon.

Gleich 176 Stufen hat die Treppe in der *Tour Philippe-le-Bel (Sommer Di–So, Mitte Juni–Mitte Sept. tgl. 10–12.30 und 15–19, Winter Di bis So 10–12 und 14–17.30 Uhr, 1,50 Euro)* mit der Aussichtsplattform für den Blick auf Mont Ventoux und Lubéron.

Anderthalb Jahrtausende zählt die Taufkapelle der Kirche in Venasque

Im *Museum Pierre de Luxembourg (Öffnungszeiten wie Tour Philippe-le-Bel, 3 Euro)* sehen Sie die berühmte »Marienkrönung« von Enguerrand Quarton, eines der wichtigsten Gemälde französischer Gotik. Für die Sehenswürdigkeiten in Villeneuve-lès-Avignon gibt es eine günstige Pauschalkarte.

Wenn Sie hier übernachten möchten, sei ein kleines Hotel empfohlen: *Atelier, 19 Zi., 5, rue Foire, Tel. 04 90 25 01 84, Fax 04 90 25 80 06, €€*. Auskunft: *Office de Tourisme, 1, place Charles-David, Tel. 04 90 25 61 33, Fax 04 90 25 91 55*

ORANGE

[110 B6] Die Stadt pulsiert vor Geschäftigkeit – wie schon vor zweitausend Jahren. Läden, Cafés, Restaurants, Hotels, dazwischen Werkstätten und Handwerksbetriebe; und das Ganze eingefasst von einem römischen Monumentaltor und einem römischen Theater, das als das besterhaltene von ganz Europa gilt.

Die Stadt zählt keine 30 000 Ew.; zur Römerzeit war sie wesent-

Seit zwei Jahrtausenden im Dienst des Entertainments: Théâtre Antique

lich größer. Damals beherbergte Orange (Arausio) eine der größten römischen Garnisonen Galliens. Während der Völkerwanderung wurde die Stadt von Germanenstämmen zerstört.

Wiederaufbau und neue Zerstörungen wechselten einander ab im Lauf der Jahrhunderte, ebenso die Adelshäuser, die das spätere Fürstentum Orange beherrschten, bis es im 16. Jh. an das Haus Nassau-Oranien und damit an den Statthalter der Niederlande fiel. Für einige Zeit sogar preußischer Besitz, fiel die Stadt erst 1713 an Frankreich. 1995 erlangte Orange eine traurige kommunalpolitische Berühmtheit: Seitdem wird die Stadt von einem Bürgermeister des extrem rechten »Front National« regiert.

SEHENSWERTES

Altstadt

Auf dem cours Aristide-Briand findet am Freitagmorgen ein schöner, bunter Markt statt. Beim Spaziergang sieht man einige alte Fassaden und Innenhöfe, Rathaus und Glockenturm von 1711 und an der place des Cordeliers einen Brunnen aus dem 17. Jh.

Antikes Theater (Théâtre Antique)

★ In diesem knapp 10 000 Besucher fassenden Theater wird seit 1869 wieder gespielt. Dort versteht man noch in der 40. Sitzreihe jedes leise Wort, das unten vor der 103 m breiten und 37 m hohen Bühnenwand gesprochen wird. Frankreichs Sonnenkönig Ludwig XIV. nannte sie »die schönste Mauer« seines Reiches. Die Statue von Kaiser Augustus wurde erst 1931 unter der Bühne ausgegraben und schaut heute auf die Pop- und Klassikkonzerte, vor allem aber auf die der Chorégies, des Festivals im Juli und August als provenzalisches Gegenstück zu den Opernfestspielen im italienischen Verona. *Sommer tgl. 9 bis 18.30, Winter 9–12 und 13.30 bis 17 Uhr, 3,80 Euro*

Ausgrabungen
Vom Antiken Theater aus betreten Sie die Ausgrabungsstätte *Gymnasion.* Die römische Sportanlage ist vermutlich 200 m lang gewesen. Außer Resten einer Außenmauer sehen Sie Teile eines Tempels aus der Zeit Kaiser Hadrians (117–138).

Colline Saint-Eutrope
Dieser Hügel hinter dem Theater zeigt sehr anschaulich das für die Provence typische Nebeneinander von Gestern und Heute. Er bietet ein großes Freizeitgelände mit einem in die Jahre gekommenen Schwimmbad, Camping-, Picknick- und Kinderspielplatz, Park, Cafeteria und daneben mit seinen alten Bauresten die Begegnung mit der Antike und dem Mittelalter. Herrliche Aussicht auf das antike Theater und die Stadt.

Römisches Stadtgründungstor (Arc de Triomphe)
Es wird volkstümlich Triumphbogen genannt. Diese bauten die Römer aber nur auf ihrem Forum in Rom. Heute rollt der Verkehr der N 7 aus oder in Richtung Norden hier vorbei. Ein Blick auf die Reliefbilder lohnt sich trotzdem.

MUSEUM

Musée Municipal
Das dem Theater gegenüber liegende Museum ist für eine Stadt dieser Größenordnung erstaunlich gut bestückt. Eine Kostbarkeit ist das Grundsteuerbuch des römischen Katasteramtes aus Marmor mit eingemeißelter Schrift aus dem 1. Jh. *Rue Madeleine-Roch, Sommer tgl. 9 bis 19, Winter 9–12 und 13.30 bis 17.30 Uhr, 4,60 Euro*

ESSEN & TRINKEN

Le Parvis
Man sitzt angenehm, auch auf der schönen Terrasse. Provenzalische Küche. *3, cours Pourtoules, Tel. 04 90 34 82 00,* €€

EINKAUFEN

Palais du Vin Insider Tipp
Für die Weine aus dem Rhônetal ist der Palais du Vin eine exzellente Adresse. 150 Weingüter präsentieren ihre Tropfen, ein Sommelier sorgt für gute Beratung. Mit Weinkeller, Restaurant und Boutique. *N 7, an der Autobahnausfahrt Orange-Sud, tgl. 10–19, Winter So nur 10–14 Uhr, www.lepalaisduvin.com*

ÜBERNACHTEN

Arène
Ruhiges Hotel in der Fußgängerzone. Zimmer zum Teil mit Terrasse. *30 Zi., place Langes, Tel. 04 90 11 40 40, Fax 04 90 11 40 45,* €€

Glacier
Hotel, das seit drei Generationen von derselben Familie geführt wird. *28 Zi., 46, cours Aristide-Briand, Tel. 04 90 34 02 01, Fax 04 90 51 13 80, www.avignon-et-provence.com/hotel-glacier,* €€

AUSKUNFT

Office de Tourisme
5, cours Aristide-Briand, Tel. 04 90 34 70 88, Fax 04 90 34 99 62

ZIELE IN DER UMGEBUNG

Mornas [110 A–B5]
Über dem Dorf 10 km nördlich von Orange sieht man eine Steilwand aus gelbgrauem Kalkstein, und hoch oben stehen die Ruinen einer Burg aus dem 12. Jh., eine düstere Erinnerung an die blutigen Religionskämpfe.

Piolenc [110 B5]
Das 4000-Ew.-Dorf 7 km nördlich von Orange an der N 7 lebt vom Knoblauch und feiert ihn Ende August mit einem riesigen Knoblauchmarkt und -fest.

Sérignan-du-Comtat [110 B5]
In dem sehenswerten kleinen Ort lebte und arbeitete der Insektenforscher Jean-Henri Fabre (1823–1915). Das ihm gewidmete Museum soll nach der Renovierung im Jahr 2003 wieder öffnen.

Einer der bedeutendsten deutschen Maler der Provence, Werner Lichtner-Aix (1939–1987), hat ebenfalls in Sérignan gelebt. Sein Atelier mit Arbeiten ist zu besichtigen *(April–Mitte Okt. Mi–Mo 14–17.30 Uhr)*.

VAISON-LA-ROMAINE

[111 D5] ★ Drei Städte sind hier ineinander verschachtelt, eine vierte aus dem 4. Jh. v. Chr., nämlich die Hauptstadt eines Keltenstammes, liegt noch unter der mittelalterlichen Siedlung im Süden des Flusses Ouvèze begraben. Vaison-La-Romaine (6000 Ew.) bietet gleichsam den Schlüssel zur langen Geschichte der Provence, spektakulär sind vor allem die durch umfangreiche Ausgrabungen freigelegten Viertel des römischen Vasio Vocontiorum.

SEHENSWERTES

Ausgrabungen
Der Eingang zum wesentlichen Teil der Ausgrabungen, dem *Quartier de Puymin,* liegt in unmittelbarer Nähe der Place Burrus, des großen Parkplatzes von Vaison, und des Verkehrsamtes. Auf dem Gelände steht ein gut erhaltenes römisches Theater, das zwar kleiner als das in Orange ist, aber heute wieder als Bühne benutzt wird. Das *Museum Théo-Desplans (Sommer tgl. 9.30 bis 18.30, Winter Mi–Mo 10–12 und 14–16.30 Uhr)* gibt einen Einblick in das Alltagsleben der alten Römer in der Provence.

Das *Quartier de la Villasse* ist von der gegenüberliegenden Seite des Platzes zu erreichen. Gleich neben dem Eingang liegen die Reste eleganter Wohnungen reicher römischer Familien wie die *maison au buste d'argent* mit Atrium und Säulenhof.

Puymin Juli/Aug. tgl. 9.30 bis 18.45, Juni und Sept. 9.30–18, März–Mai und Okt. 10–12.30 und 14–18, Nov.–Feb. Mi–Mo 10–12 und 14–16.30 Uhr; Villasse Juli/ Aug. tgl. 9.30–12.30 und 14 bis 18.45, Juni und Sept. 9.30–12.30 und 14–18 Uhr, sonst wie Puymin; Pauschalkarte incl. Museum 7, Kinder 2,20 Euro

Kathedrale Notre-Dame-de-Nazareth
An diesem Platz westlich des Quartier de la Villasse in der Unterstadt von Vaison bauten die Römer einen Tempel. Im 4. Jh. errichteten die

frühen Christen hier eine Kirche, die später von neueren Kirchenbauten abgelöst wurde (6., 7., 11. Jh.). Was an Bauresten brauchbar war, wie Grundmauern des Tempels, antike Säulen, der marmorne Hauptaltar (6. Jh.), wurde im 12./13. Jh. in den Bau dieser ehemaligen Kathedrale miteinbezogen. So entstand hier einer der bedeutendsten Kirchenbauten der provenzalischen Romanik. Sehenswert ist zudem der *cloître*, der Kreuzgang *(1,60 Euro). Sommer tgl. 9–12 und 14–18, Winter 10–12 und 14–17 Uhr, 1,50 Euro).*

Mittelalterliche Oberstadt Insider Tipp

Im Süden des Flusses Ouvèze, dessen Überschwemmungen die 2000 Jahre alte Brücke, der *Pont Romain*, überstanden hat, ist die Haute-Ville nur zu Fuß über einen steilen, etwas beschwerlichen Weg erreichbar. Die romantische Ruine der Burg des Grafen von Toulouse lockt zur Besichtigung. Die mittelalterlichen Häuser, lange verlassen, sind seit dem Zweiten Weltkrieg restauriert worden und beherbergen heute kleine Läden, Kunsthandwerk, Galerien und Lokale.

ESSEN & TRINKEN

In Vaison haben Sie die Qual der Wahl zwischen einander ähnlichen Restaurants mit Menüpreisen unter 15 Euro. Eine der besten Adressen findet sich 10 km südwestlich in Séguret:

La Table du Comtat

Das Feinschmeckerrestaurant bietet außerdem acht Hotelzimmer und ein Schwimmbad. *Séguret, Tel. 04 90 46 91 49, Fax 04 90 46 94 27,* €€€

ÜBERNACHTEN

Les Aurics

Das kleine Hotel im provenzalischen Stil mit Garten und Schwimmbad liegt etwas außerhalb der Stadt. *14 Zi., Les Aurics (2 km Richtung Avignon), Tel./Fax 04 90 36 03 15,* €€

Le Beffroi Insider Tipp

Wer stilvolles Wohnen liebt (das Haus selbst und die Möbel stammen aus dem 16./17. Jh.), ist in dieser noblen Herberge mit Restaurant in der Oberstadt bestens aufgehoben. *22 Zi., Haute Ville, Tel. 04 90 36 04 71, Fax 04 90 36 24 78,* €€€

AUSKUNFT

Office de Tourisme

Place Chanoine Sautel, Tel. 04 90 36 02 11, Fax 04 90 28 76 04

ZIELE IN DER UMGEBUNG

Dentelles de Montmirail [110–111 C–D 5–6]

Auf Grund seiner bizarr gezackten Felsspitzen, deren höchster Gipfel, die Crête de Saint-Amand, 734 m erreicht, hat dieser westliche Ausläufer des Mont Ventoux den Namen »Klöppelspitzen« erhalten. Wer von Vaison auf der D 938 über Malaucène (ab hier D 90) und die Weindörfer Beaumes-de-Venise, Vacqueyras und Gigondas das Massiv umfährt, erlebt besonders im Mai, wenn der Ginster blüht, eine reizvolle Landschaft mit Wäldern, Plantagen und Weinbergen. Hübsche Dörfer sind *Le Barroux* und *Séguret* mit schönen Aussichtspunkten.

Die kahle Kuppe des Mont Ventoux hüllt sich leider oft in Wolken

Malaucène **[111 D5]**
Das liebenswerte Städtchen (2000 Ew.) 10 km südlich von Vaison mit seinen Brunnen und Kapellen, der Schlossruine und der mächtigen Wehrkirche ist ein idealer Ausgangspunkt für Ausflüge auf und rund um den Mont Ventoux. Das *Office de Tourisme (place de la Mairie, Tel. 04 90 65 22 59)* vermittelt im Juli und August Insider Tipp Nachtwanderungen zum Gipfel des Berges. Schöne Gästezimmer und ein Frühstück auf der Terrasse bietet von Juni bis November das Insider Tipp *Château Crémessières (5 Zi., Tel. 04 90 65 11 13, kein Fax, €€)*. Gute provenzalische Küche und sechs Zimmer hat die *Hostellerie La Chevalerie (place de l'Église, Tel. 04 90 65 11 19, Fax 04 90 12 69 22, €–€€)*.

Mont Ventoux **[111 E–F 5–6]**
★ Wenn unten im Tal schon die ersten Rosen blühen, ist der Gipfel des Mont Ventoux (1909 m) noch schneebedeckt. Der Temperaturunterschied zwischen Gipfel und Tal beträgt mindestens elf Grad, im Winter sind hoch oben auf der kahlen Kuppe minus 25 Grad keine Seltenheit, zumal wenn der eiskalte Mistralwind auf dem höchsten Berg der Provence wieder einmal Geschwindigkeiten von bis zu 200 km/Std erreicht.

Der Ventoux, von der Unesco als Weltbiosphärenreservat eingestuft, lässt sich zu Fuß, mit dem Rad oder per Auto erobern. Der Weg führt von Malaucène über den Ausflugsplatz *Groseau,* ein Quellheiligtum mit Klosterresten, Café und Picknickplatz, zunächst auf den *Mont Serein,* die Wintersportstation in 1445 m Höhe. Dort sind ein 2,2 km und ein 3,8 km langer botanischer Lehrpfad zu Ehren des Botanikers Jean-Henri Fabre angelegt worden.

Vom Gipfel mit einem Caférestaurant und einer Radarstation

der französischen Armee haben Sie den weitesten Ausblick Ihrer Provencereise – wenn der Mont Ventoux sein Haupt nicht in Wolken versteckt. Dann wird es nämlich sogar mitten im Sommer ungemütlich kalt.

Insider Tipp **Nesque-Schlucht (Gorges de la Nesque)** [114–115 B–D 1–2]

Das Lavendelzentrum *Sault* (1200 Ew.) am Fuß des Mont Ventoux mit einem bemerkenswerten Dokumentations- und Ausstellungszentrum, der *Maison de l'Environnement et de la Chasse (avenue de l'Oratoire, Di–So 10–12 und 14–18 Uhr, 3 Euro)*, ist Ausgangspunkt für die abenteuerlich-schöne Fahrt auf der D 942 durch die 26 km lange Schlucht der Nesque mit Aussichtsterrassen wie dem Belvédère (734 m) am *Rocher du Cire.*

Valréas/Papstenklave [110 C3–4]

Mehr als nur ein verwaltungstechnisches Kuriosum – eine Exklave der Vaucluse im Gebiet der Drôme Provençale – ist die ehemalige Papstenklave rund um Valréas 30 km nördlich von Vaison. Als die Päpste im 13. Jh. von Rom nach Avignon übersiedelten, kauften sie das Gebiet um Valréas und übertrugen ihm Sonderrechte, die bis zum Ende des 18. Jhs. galten. Valréas mit seinen heute rund 9500 Ew. hat eine sehenswerte Altstadt mit dem Rathaus aus dem 15. Jh.

Richerenches, im 12. Jh. Sitz des Templerordens und eines ihrer größten Festungsdörfer im Abendland, ist im Winter an jedem Samstagvormittag Schauplatz eines der größten Trüffelmärkte. Jeden dritten Sonntag im Januar feiert die Bruderschaft des schwarzen Diamanten in der alten Kirche die Insider Tipp Messe, in der Spenden in Form von Trüffeln abgegeben und öffentlich auf dem Dorfplatz versteigert werden. Auskunft: *Office de Tourisme, Château de Simiane, Valréas, Tel./Fax 04 90 35 04 71*

Schwarze Diamanten

Die meisten »Périgord«-Trüffeln kommen aus der Provence

Der Duft ist unvergleichlich. Wenn Trüffelhunde von November bis Mitte März auf der Hochebene von Claparèdes aus auf die Jagd nach den schwarzen Diamanten gehen, bleibt der Duft der Knollen noch minutenlang in der Erde. 80 Prozent der schwarzen französischen Trüffeln, die immer noch den Namen *truffes du Périgord* tragen, kommen heute indes aus dem Südosten Frankreichs, das Département Vaucluse liefert davon 70 Prozent. Der größte Trüffelmarkt, der ganz eigenen Gesetzen gehorcht, findet freitags in Carpentras statt. Wichtig sind auch die Umschlagplätze Valréas (mittwochs) und Richerenches (samstags), wo am dritten Sonntag im Januar die berühmte Trüffelmesse gefeiert wird.

Land der Kaiser und Könige

Die Wiege der Provence zwischen Arles, Rhônemündung und Aix-en-Provence

Im Westen eine Stadt, in der einmal ein Kaiser residierte und wo überall die Erinnerung an die Römerzeit geweckt wird, wenn man an Theatern, alten Gräberfeldern oder historischen Plätzen vorbeischlendert. Im Osten eine Stadt, die ihr ehemals königliches Flair noch nicht abgelegt hat, mit einer Kathedrale, an der Maurer und Steinmetzen zehn Jahrhunderte lang gearbeitet haben, mit Dutzenden von eleganten Adelspalästen und stattlichen Bürgerhäusern und mit einer von Brunnen eingefassten Platanenallee, die zu den schönsten Straßen der Welt gehört. Um die beiden Städte herum Gebirge, deren weißgraue Felswände sich gegen den blauen Himmel abheben, Wälder, Burgruinen, Schlösser, versteckte Klöster und ein Schwemmland voller seltener Vögel und Wildtiere, in dem die alten Griechen den Eingang zur Unterwelt vermuteten. Dazu ein Berg, den ein großer Maler Frankreichs immer wieder malte, weil er ihn so faszinierte – das ist die Bouches-du-Rhône, das Gebiet der Mündung des großen Stromes zwischen Vaucluse und Mittelmeer.

Kapelle Saint-Sixte bei Eygalières in den »kleinen Alpen« Les Alpilles

Wenn der Mistral bläst, gehören Schal und Mütze zum Cafébesuch

Hier schlägt das eigentliche Herz der Provence. Arles, das die Römer durch einen Kanal mit dem Meer verbanden, war eine Residenz von Kaiser Konstantin. In Aix-en-Provence regierte der gute König René die damals noch selbstständige Provence, hier lebte und malte Paul Cézanne, einer der großen französischen Impressionisten. Im Felsenschloss von Les Baux, das wie ein unzugänglicher Adlerhorst über dem dunklen Grün der bewaldeten Berghänge thront, trafen sich im Mittelalter die Minnesänger aus ganz Europa. Und in Salon-de-Provence, umgeben von einem Meer von Olivenhainen, schrieb Nostradamus seine berühmten Weissagungen für die kommenden Jahrhunderte nieder.

Der platanenbestandene cours Mirabeau ist die Prachtstraße von Aix

AIX-EN-PROVENCE

Karte auf Seite 60

[121 D1–2] Ein lockeres grünes Dach, gebildet von vier Reihen hochgewölbter Platanen mit sprudelnden Brunnen darunter, sorgt auch im Hochsommer für angenehme Kühle. Stilvolle Stadtpalais, Cafés, Restaurants und Geschäfte sowie Antiquitätenläden verlocken zum Stadtbummel: Das ist der cours Mirabeau, die berühmte Prachtstraße im Zentrum von Aix.

Diese von 80 Prozent der Franzosen für idealtypisch gehaltene Stadt mit 135 000 Ew., deren Mieten im Zentrum Pariser Niveau erreichen, verwirrt den Besucher mit einer solchen Fülle von Eindrücken, dass es gut ist, sich vor der Besichtigung ein wenig zu orientieren: Der cours Mirabeau verläuft von West nach Ost und trennt die zwei wesentlichen Teile der historisch gewachsenen Innenstadt. Im Norden liegt die Altstadt mit römischen Spuren sowie Bauwerken des Mittelalters und des 16. bis 18. Jhs. In ihrem Gewirr von Gassen und Straßen – heute zum großen Teil Fußgängerzone – befindet sich das Einkaufsviertel. Cafés und kleine Esslokale mit Stühlen und Tischen draußen sorgen dafür, dass die kulturgeschichtlich bedeutende Altstadt nichts Museales an sich hat. Im Süden des cours Mirabeau liegt das stillere *Quartier Mazarin.* Dort ließ der Bruder des Erzbischofs Mazarin innerhalb von fünf Jahren ab 1646 ein rechtwinklig geordnetes Straßensystem mit schönen Plätzen anlegen, in dem reiche Bürger und Adelsfamilien ihre *hôtels* genannten Stadthäuser errichteten.

Mit dem Auto finden Sie Zugang zum cours am günstigsten von Westen und Süden (aus Richtung Avignon, Marseille), wo der breite boulevard de la République und die avenue des Belges strahlenförmig auf den zentralen, größten Platz der Stadt zulaufen, die place du Général de Gaulle, den die Einheimischen La Rotonde nennen. Dort finden Sie das große gelbe Palais des Office de Tourisme und hinter dem Postgebäude einen größeren Parkplatz. Kennzeichen des Platzes, von dem der cours abzweigt, ist ein pompöser Brunnen von 1860. Hier beginnt man am besten den Stadtbummel zu Fuß.

SEHENSWERTES

Das Office de Tourisme ist Ausgangspunkt für Ausflüge und Stadtführungen zu Fuß oder per Bus, zum Teil auch in deutscher Sprache. Themen der Touren sind u. a. Brunnen, Landsitze, aber auch Wege auf den Spuren von Paul Cézanne oder seinem Schulfreund, dem Schriftsteller Émile Zola, der seine Heimatstadt unter dem Namen Plassans oft zum Schauplatz für seine Romane machte. Mit der Karte »Visa pour Aix« (1,55 Euro) erhalten Sie Sondertarife für Museen, Führungen und Busse.

Brunnen

In Aix sprudelt überall Wasser. Es gibt herrliche alte Brunnen, besonders schön sind: in der Altstadt an der *place des Martyrs de la Résistance* ein Brunnen von 1618 (Einfassung aus dem 18. Jh.), der Predigerbrunnen an der *place des Prêcheurs* (18. Jh.) und der Brunnen an der *place de l'Hôtel de Ville* (1755). Im Mazarinviertel lohnt vor allem der Delphinbrunnen (*Fontaine des Quatre Dauphins*, 1667) in der *rue du 4 Septembre/rue Cardinale* einen Blick.

MARCO POLO Highlights »Bouches-du-Rhône«

★ **Camargue**
Eine amphibische Welt zwischen Wasser und Land – ein Paradies für Radfahrer, Reiter und Vogelfreunde (Seite 69)

★ **Cours Mirabeau in Aix**
Diese breite Platanenallee in Aix-en-Provence kann sich mit allen anderen Prachtstraßen in der Welt messen (Seite 60)

★ **Les Baux-de-Provence**
Ruinen einer berühmten Felsenburg, im Mittelalter als Liebeshof der Troubadours bekannt, mit weitem Blick über das Land (Seite 69)

★ **Montagne Sainte-Victoire**
Der Hausberg von Paul Cézanne. Dieses Motiv stand Pate für die moderne Malerei (Seite 65)

★ **Saint-Trophime in Arles**
Dieses Bauwerk gehört durch die kunstvolle Gestaltung der Fassade und des Kreuzgangs zu den bedeutenden romanischen Kirchen der Provence (Seite 66)

★ **Tarascon**
Ein mächtiges Wehrschloss am Unterlauf der Rhône; es steckt voller Erinnerungen an den »guten König« René (Seite 73)

Cours Mirabeau

★ In der im 17. Jh. angelegten Prachtstraße von gut 400 m Länge sind noch Adelspaläste aus dieser Zeit zu sehen, und zwar besonders auf der rechten Seite, wenn man von der place de Gaulle kommt. Herausragend sind folgende Häuser: Nr. 20, das *Hôtel Forbin* (1656); Nr. 38, das *Hôtel Maurel de Pontevès* (1647); Nr. 10, das *Hôtel Isoard de Vauvenargues* (1710).

Kathedrale Saint-Sauveur

Saint-Sauveur gehört zu den kunstgeschichtlich bedeutendsten Kirchen der Provence. Im 4./5. Jh. wurde sie auf einer römischen Tempelmauer an der Via Aurelia errichtet. Sämtliche Baustile von der frühen Romanik bis zur Renaissance sind in dem mächtigen Bau vereinigt. Trotzdem wirkt die Kirche in ihrer Gesamtheit ebenso harmonisch wie durch ihre Lage mitten zwischen den engen Gassen der Altstadt. Besonders beachtenswert: im romanischen Seitenschiff rechts das von acht römischen Säulen getragene Baptisterium (5. Jh.); flandrische Wandteppiche (15. Jh.); das bedeutende Triptychon des brennenden Dornbusches von Nicolas Froment (1435–84), das König René und Königin Jeanne in tiefer Andacht zeigt; die geschnitzten Nussbaumflügel des Portals (1510). Diese beiden Kunstwerke sind durch

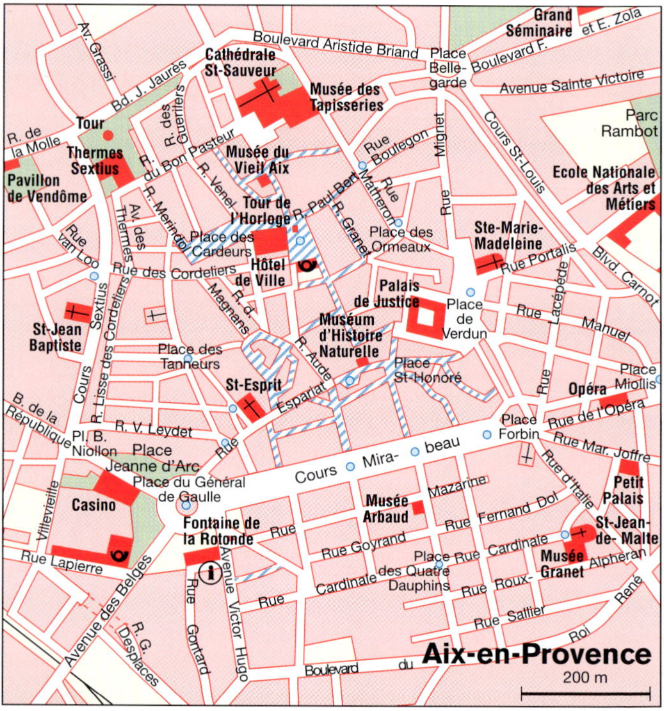

Holzläden geschützt, die der Küster gerne öffnet (bitte ein kleines Trinkgeld!). Der Kreuzgang rechts von der Kathedrale wurde im 12. Jh. neu gestaltet. *34, place des Martyrs de la Résistance, Mi–Mo 9.30 bis 11.30 und 14–16 Uhr*

Insider Tipp

Pavillon de Vendôme

Das in der Barockzeit »schönste Landhaus der Provence« und der zauberhafte Garten sind zu besichtigen. Herzog Vendôme ließ es für seine Geliebte, »die schönste Frau von Aix«, 1667 erbauen. Das Haus beherbergt oft Kunstausstellungen. *32, rue Célony, Mi–Mo 10–12 und 14–18 (Winter bis 17) Uhr, 1,50 Euro*

Rathaus (Hôtel de Ville)

Barockgebäude von 1670 mit einem Uhrturm (14./15. Jh.), der mehrere Rathäuser überlebt hat. *Place de l'Hôtel de Ville*

Stadtpalais

In Aix haben sich über 70 alte Stadtpalais von reichen Bürgern und Adelsfamilien bis heute erhalten. Diese *hôtel* genannten prächtigen Häuser des 16. bis 18. Jhs. geben der Stadt ihr einzigartiges kulturelles Flair. Die alten Palais sind von italienischen Vorbildern inspiriert, später vom Pariser und Versailler Baustil. Die Fassaden ab Mitte des 17. Jhs. mit den mächtigen Atlanten (Männer) und Karyatiden (Frauen) entsprangen den Ideen des Marseiller Architekten Pierre Puget.

Insider Tipp

Besonders schöne Häuser: im Norden des cours Mirabeau: *13, rue Aude,* das *Hôtel Peyronetti* (um 1562), eines der ältesten Stadthäuser; *10, rue Espariat,* das *Hôtel d'Albertas* (1707) am gleichnamigen, von Patrizierhäusern schön eingerahmten Platz, wo im Sommer Konzerte stattfinden. Im Süden des cours: *12, rue Mazarine,* das *Hôtel Marignane* (Ende 17. Jh.), das Haus der Schwiegereltern des Grafen Mirabeau, der ein skandalumwitterter Bankrotteur, aber zugleich ein glänzender politischer Redner und Verfasser philosophischer Bücher war; *9, rue du 4 Septembre,* das *Hôtel de Villeneuve-d'Ansouis* (etwa 1750) und in *Nr. 11* das *Hôtel Boisgelin* (etwa 1650).

MUSEEN

Atelier Paul Cézanne

Paul Cézanne kaufte 1901 das kleine Grundstück im Norden der Altstadt und ließ sich das Atelier bauen, das nach seinem Tod 1906 bis heute praktisch unverändert blieb. Keine Bilder, aber Erinnerungsstücke an den Maler, der hier die »Großen Badenden« malte. Audiovisuelle Vorführungen und reich bestückte Boutique. *9, avenue Cézanne, Sommer tgl. 10–18.30, Winter 10–12 und 14–17, Frühjahr 10 bis 12 und 14.30–18 Uhr, 3,80 Euro*

Musée Granet

Im teilweise renovierten Gebäude der einstigen Malteserkomturei (17. Jh.) sind keltische und römische Fundstücke aus dem Stadtgebiet, eine sehenswerte Sammlung mit Gemälden aus Europa (16. bis 19. Jh.) und ein knappes Dutzend Bilder von Cézanne ausgestellt. *Place Saint-Jean-de-Malte, Mi–Mo 10–12 und 14–18 Uhr, 1,50 Euro, Sondertarif bei Wechselausstellungen*

Musée des Tapisseries

Im alten erzbischöflichen Palast (1650–1730) hängen 19 Wandteppiche, die im 17./18. Jh. in der berühmten Werkstatt von Beauvais entstanden. Im Sommer Kunstausstellungen. *28, place des Martyrs de la Résistance, Mi–Mo 10–11.45 und 14–17.45 Uhr, 1,50 Euro*

Fondation Vasarély

Der 1908 geborene ungarische Vater der Op-Art, Victor Vasarély, hat im Neubauviertel Jas de Bouffan, unweit des Familiensitzes von Cézanne, das Museum mit seiner schwarz-weißen Fassade selbst entworfen. *21, rue de la Molle, Sommer Mi–Mo 10–12 und 14–18, Winter Mi–Mo 10–12 und 13.30 bis 17 Uhr, 5 Euro, www.fondation vasarely.com*

Musée du Vieil Aix

Dauer- und Wechselausstellungen zur Stadtgeschichte in einem Palais aus dem 17. Jh. Im Nebenhaus Nr. 19, dem Insider Tipp Hôtel de Chateaurenard (17. Jh.), ein eindrucksvolles Treppenhaus mit Trompe-l'Œil-Malerei von Daret. *17, rue Gaston-de-Saporta, Mi–Mo 10–12 und 14.30–18 (Winter bis 17) Uhr, Okt. geschl., 2,25 Euro*

ESSEN & TRINKEN

Reisende haben die Qual der Wahl unter den Restaurants, die sich in der Altstadt vor allem nördlich des cours Mirabeau in Gassen wie der rue de la Verrerie oder Plätzen wie place Ramus, place des Cardeurs, place des Tanneurs und place de la Mairie ausgebreitet haben.

L'Aixquis

Kleines Restaurant mit traditioneller Küche und tollen Desserts. *22, rue Leydet, Tel. 04 42 27 76 16, €€–€€€*

Charlotte Insider Tipp

Provenzalische Küche wie in der Familie zu einem für Aix sehr gün-

Auf den Punkt gebracht: die Stiftung Vasarély des ungarischen Op-Art-Künstlers

stigen Preis. Eine Institution für Einheimische. Reservieren! *32, rue des Bernardines, Tel. 04 42 26 77 56, €*

Clos de la Violette
Seit Jahren das erste Haus der Stadt mit raffinierten Spezialitäten der Provence. Unbedingt reservieren! *10, avenue de la Violette, Tel. 04 42 23 30 71, €€€*

La Cour de Rohan
Restaurant und Teestube mit Blick aufs Rathaus. Schönes, klassisches Ambiente. *10, rue Vauvenargues, Tel. 04 42 96 18 15, €€*

Le Dernier Bistrot
Provenzalische Küche nach Großmutters Rezepten. *15, rue Constantin, Tel. 04 42 21 13 02, €*

Les Deux Garçons
Das berühmte Café auf dem cours Mirabeau, in dem schon Cézanne und Zola Stammgäste waren, ist von früh bis nachts geöffnet. *53, cours Mirabeau, €*

Le Forum
Eine Oase der Stabilität im schnelllebigen Gastronomiegeschäft auf der place des Cardeurs. *20, forum des Cardeurs, Tel. 04 42 23 08 64, €*

EINKAUFEN

Aix-en-Provence hat eine unwiderstehliche Anziehungskraft auf Menschen, die schöne, praktische oder überflüssige Dinge kaufen oder einfach nur anschauen wollen. In der Altstadt nördlich des cours Mirabeau sind praktisch alle Luxusmarken der Modewelt vertreten. Kulinarische Spezialität sind die süßen *calissons,* die u. a. die *Konditorei Béchard (12, cours Mirabeau)* anbietet, oder die Versuchungen von *Chocolat de Puyricard (7, rue Rifle-Rafle).* Spezialist für die *santons,* die provenzalischen Krippenfiguren, ist *Paul Fouque,* der in seiner Werkstatt *(65, cours Gambetta)* Hunderte von Tonfigurinen anbietet.

Insider Tipp

Märkte
Selbst am Sonntag gibt es in Aix frisches Gemüse auf dem Markt an der *place Richelme.* Di, Do und Sa breiten sich Lebensmittel-, Floh- und Kleidermarkt *vom Rathaus bis zum Justizpalast* aus. Blumen gibt es Di, Do und Sa auf der *place de l'Hôtel de Ville,* an den anderen Tagen auf der *place des Prêcheurs.* Im Sommer kommen regelmäßig Antiquitätenmärkte auf dem *cours Mirabeau* dazu.

ÜBERNACHTEN

Le Manoir
Zauberhaftes, komfortables Hotel in einem alten Kloster mitten in der Stadt, abgeschlossener Parkplatz. *40 Zi., 8, rue d'Entrecasteaux, Tel. 04 42 26 27 20, Fax 04 42 27 17 97, www.hotelmanoir.com, €€*

Les Quatre Dauphins
Ein charmantes Hotel im Mazarinviertel. *12 Zi., 54, rue Roux-Alphéran, Tel. 04 42 38 16 39, Fax 04 42 38 60 19, €€*

Saint-Christophe
Direkt an der *rotonde* im Stadtzentrum, klimatisierte Zimmer im Art-déco-Stil, mit Restaurant *Brasserie Léopold. 58 Zi., 2, avenue Victor Hugo, Tel. 04 42 26 01 24, Fax 04 42 38 53 17, €€*

Markttag in Aix-en-Provence:

FREIZEIT & SPORT

Thermes Sextius

Das ehemalige Thermalbad ist zum Badetherapiezentrum geworden. *55, cours Sextius, Tel. 04 42 23 81 82, www.thermes-sextius.com*

AM ABEND

Nicht nur zur Festivalzeit bietet Aix ein vielseitiges Kultur- und Freizeitprogramm. Konzerte, Theater, Kleinkunst, Jazz und Kino sorgen für Abwechslung, es gibt ein Dutzend Diskotheken und Pianobars allein im Zentrum. Im Jahr 2001 hat das neue Spielkasino eröffnet mit vier Themenrestaurants, Ausstellungsraum und Konzertsaal. *Avenue de l'Europe, Tel. 04 42 59 69 00*

AUSKUNFT

Office de Tourisme

2, place Général-de-Gaulle (La Rotonde), Tel. 04 42 16 11 61, Fax 04 42 16 11 62, www.aixenprovence tourism.com

ZIELE IN DER UMGEBUNG

Saint-Maximin-la-Sainte-Baume **[122 A2]**

Die Basilika der 37 km östlich gelegenen 12 000-Ew.-Stadt, einst dominikanische Pilgerkirche, gilt als bedeutendster gotischer Bau der Provence und ist ein Wallfahrtsort für die hl. Maria Magdalena geworden, deren Grab erst 1279 wiederentdeckt wurde. Ein Hotel mit Restaurant ist an die Basilika angebaut *(Hôtellerie du Couvent Royal, 29 Zi., place Jean-Salusse, Tel./Fax 04 94 86 55 66, €€).*

Sainte-Baume-Massiv **[121 F4, 122 A3]**

Der Name Sainte-Baume erinnert an die hl. Maria Magdalena, die der Legende nach im Norden des Massivs in einer Grotte (provenzalisch: *baoume*) gelebt haben soll. Auf dem feuchten Boden gedeihen im Süden sonst seltene Bäume wie Ahorne, Eschen und Linden sowie seltene Blumen. Das erschien den Bewohnern der trockenen Provence vor zweitausend Jahren unheimlich. Für sie war der Wald daher ein heiliger Ort, wo man kein Holz schlagen durfte. Außer der *Grotte,* die in einem zweistündigen Fußmarsch von Plan-d'Aups aus erreichbar ist, gehört der *Park von Saint-Pons* bei Gémenos mit seinem Wasserfall zu den lohnenden Zielen des kleinen Gebirgszugs. Insider Tipp

Sainte-Victoire-Massiv **[121 E–F 1–2]**

★ Die Silhouette des Hausbergs von Aix-en-Provence ist vielen Reisenden von den Bildern Paul Cézannes vertraut. Das Massiv mit der steilen Felsenwand im Süden hat den Maler sein Leben lang fasziniert. Pablo Picasso hat sich in Vauvenargues an der Nordflanke ein Schloss gekauft und ist dort beerdigt (keine Besichtigung). Die Sainte-Victoire entdecken Sie am besten von Aix aus, wenn Sie über Le Tholonet auf der D 17 nach Saint-Antonin-sur-Bayon fahren. Dort ist nach dem großen Waldbrand von 1989 die Insider Tipp *Maison de Sainte-Victoire* als Dokumentations- und Informationszentrum mit Restaurant, Café und Boutique eingerichtet worden *(Mo bis Fr 10–18, Sa/So 10–19 Uhr, 4 Euro)*. Von hier können Sie über Puyloubier und Pourrières über die D 23 und D 223 weiter nach *Vauvenargues* fahren. Dort gibt es ein kleines Hotel *(Moulin de Provence, 12 Zi., Tel. 04 42 66 02 22, Fax 04 42 66 01 21, €)* mit Blick auf das Picasso-Schloss. Kurz hinter Vauvenargues finden Sie beim Gehöft Les Cabassols Parkplätze. Hier beginnt die Wanderung zur berühmten *Croix de Provence* (945 m) mit einem alten Kloster und einem der schönsten Aussichtspunkte Südfrankreichs.

Silvacane **[114 C5]**

Das Zisterzienserkloster 25 km nordwestlich an der Durance (1175 begonnen) ist mit seiner asketischen Bauweise dem Kloster Sénanque sehr ähnlich und wird vom Klavierfestival von La Roque-d'Anthéron als Konzertsaal genutzt. *Sommer tgl. 9–19, Winter Mi–Mo 10–13 und 14–17 Uhr, 5 Euro*

Arles

[119 D2–3] Die Stadt mit 55 000 Ew. ist auf liebenswerte Weise alles zugleich: lebendig und verschlafen, großzügig bei den Feiern wie den

Pastis

Der Anisschnaps der Provence ist Aperitif und Longdrink zugleich

Er riecht nach Baby – denn es ist Anis drin. Er schmeckt nach Lakritze – denn es ist auch Süßholz drin. Und noch weitere 50 geheimnisvolle Zutaten, wenn man den Beteuerungen aus kleineren, traditionellen Destillen glauben darf. Pastis, dieser dem griechischen Ouzo verwandte Anisschnaps, ist in Südfrankreich der wichtigste Appetitanreger. Seine 40 bis 45 Prozent Alkohol werden immer als Longdrink konsumiert – mit eiskaltem Wasser. Die Formel dafür heißt: ein Teil Pastis, fünf Teile Wasser, zwei Eiswürfel. Aus der Flasche rinnt er noch sattgelb und klar, in die Kehle jedoch milchig-trübe. Das macht das Wasser – das übrigens nie kohlensauer perlen darf!

Stierkämpfen in der römischen Arena, kleinbürgerlich mit den fröhlichen, bunten Märkten, geschäftstüchtig im Tourismus, der sich vor allem um den großen Vincent van Gogh dreht, doch zugleich aufgeschlossen und kontaktbereit im Umgang mit fremden Besuchern. Im 6. Jh. v. Chr. von griechischen Händlern gegründet, zählt Arles neben Marseille zu den ältesten Städten Frankreichs. Im 4. Jh. war Arelate sogar Hauptstadt der römischen Provinz Gallien.

SEHENSWERTES

Les Alyscamps

Gefilde der Seligen bedeutet der Name dieses Friedhofs, den die Römer im 3. Jh. anlegten. Der Gang durch die schöne Pappelallee hat schon van Gogh fasziniert. *Avenue des Alyscamps*

Amphitheater (Arènes)

Wenn in diesem größten der in Gallien erhaltenen römischen Amphitheater (1. Jh.) heute Stierkämpfe und Folkloreveranstaltungen organisiert werden, feiert die Stadt wie vor 2000 Jahren ihre größten Feste. 12 000 Menschen finden Platz – zur Zeit der Römer waren es über 21 000. *Rond-Point des Arènes*

Antikes Theater (Théâtre Antique)

Es ist älter als das Amphitheater und wesentlich kleiner. Wenn man sich außerhalb der betriebsamen Saison an einem sonnigen Vormittag auf einer Zuschauerbank ausruht, entfaltet sich in der Stille eine wohltuende Atmosphäre von Zeitlosigkeit. Man schaut auf die *zwei Witwen,* zwei Marmorsäulen, die das Bruchstück eines Giebels tragen, und auf die Türme von Saint-Trophime. *März–Okt. tgl. 9–12 und 14–18 Uhr, Nov.–Feb. 10–12 und 14–17 Uhr, 3 Euro*

Kathedrale Saint-Trophime

★ Die Kirche ist ein wichtiges Bauwerk der provenzalischen Romanik. Sie entstand im 11./12. Jh. aus dem Umbau einer karolingischen Basilika. Spätere Bauabschnitte vervollständigten das Gotteshaus mit dem monumentalen Portal von 1170, das einem römischen Triumphbogen gleicht. Die Figur des Jesus mit erhobener Hand, die zentral über dem Kircheneingang thront, verkündet das Jüngste Gericht. Faszinierend ist der Kreuzgang, den Sie rechts vom Portal über eine Treppe erreichen, wenn Sie die Vorhalle

Perfekte provenzalische Romanik: Kathedrale Saint-Trophime in Arles

und den Hof des erzbischöflichen Palastes durchqueren. *Place de la République, März–Okt. tgl. 9–12 und 14–18 Uhr, Nov.–Feb. 10–12 und 14–17 Uhr, 3 Euro*

Rathaus (Hôtel de Ville)
Das Hôtel de Ville ist ein Meisterwerk des französischen Barock im 17. Jh. Der Uhrturm ist älter (1553). Passend zur klassischen Fassade wurde der Platz gestaltet, auf dem ein Obelisk aus dem römischen Zirkus der Stadt aufgestellt wurde. *Place de la République*

Thermen
Die Thermen, von denen nur ein Teil ausgegraben wurde, sind die größten Anlagen dieser Art in der Provence. Sie gehörten zum Palast von Kaiser Konstantin. *Zugang über die rue Maisto, März–Okt. tgl. 9 bis 12 und 14–18 Uhr, Nov.–Feb. 10 bis 12 und 14–17 Uhr, 3 Euro*

Vincent van Gogh
Der Name des großen holländischen Malers ist mit Arles eng verbunden. Er malte hier und in der Umgebung der Stadt in den Jahren 1888/89 rund 400 Bilder, konnte aber davon nicht eines verkaufen. In Arles gibt es kein Museum mit seinen Werken. Das von deutschen Bomben beschädigte Haus in der rue de la Cavalerie, in dem er gewohnt hat, wurde abgerissen. Die Stadt versucht, das Versäumte nachzuholen: Insider Tipp Das Kulturzentrum *Espace de van Gogh (rue des Arènes)* hat eine ausgezeichnete Bibliothek, die *Fondation van Gogh (tgl. 10–19 Uhr, 4,60 Euro)* im Palais de Luppé gegenüber der Arena stellt Werke zeitgenössischer Künstler als Hommage an den Niederländer aus.

MUSEEN

Museon Arlaten Insider Tipp
Hier können Sie sehen, wie die Provenzalen in vergangenen Zeiten lebten, mit ihren schönen Küchen und Möbeln, mit Werkzeugen, Trachten und Volkskunst, alles verteilt auf 33 Zimmer eines spätgotischen Adelspalastes (16. Jh.). Der Dichter Frédéric Mistral hat das Museum gestiftet, eingerichtet und mit dem Geld seines Nobelpreises (1904) finanziert. *Rue de la République, Sommer tgl. 9.30–13 und 14–18.30, Winter Di–So 9.30 bis 12.30 und 14–17 Uhr, 4 Euro*

Musée de l'Arles Antique
In dem Komplex des postmodernen Museums (Architekt Henri Ciriani, 1995) sind alle Schätze aus Arles' großer Vergangenheit, von der Prähistorie bis zum Ende des römischen Imperiums, vereint. Hier erlebt man, vorbildlich präsentiert, Geschichte hautnah. *Auf der Halbinsel des Cirque Romain, Sommer tgl. 9–19, Winter 10–17 Uhr, 5 Euro*

Musée Réattu
Hauptanziehungspunkt der Sammlung ist die Moderne mit 57 Zeichnungen von Picasso sowie Arbeiten zeitgenössischer Künstler wie César, Richier, Zadkine. *Rue du Grand Prieuré, Sommer tgl. 9–12.30 und 14–19, Winter 10–12 und 14 bis 16.30 Uhr, 3 Euro*

ESSEN & TRINKEN

Jardin de Manon Insider Tipp
Regionale Küche mit gutem Preis-Leistungs-Verhältnis. *14, avenue des Alyscamps, Tel. 04 90 93 38 68,* €–€€

Lou Calëu
Zwischen Arena und Antikem Theater ein traditioneller Gasthof. *27, rue Porte de Laure, Tel. 04 90 49 71 77, €*

Brasserie Nord-Pinus
Picasso, Montand und Cocteau waren hier Gäste, hübsch möbliert, mit Hotel *(25 Zi., €€€). Place du Forum, Tel. 04 90 93 02 32, €€–€€€*

EINKAUFEN

Gut 600 Händler versammeln sich samstags auf dem *boulevard des Lices*, dem größten Markt der Region. Die berühmte Wurst von Arles bekommen Sie in der *Charcuterie La Farandole (11, rue des Porcelets)* oder im *Au vrai saucisson d'Arles* bei Pierre Milhau *(11, rue Réattu)*. Insider Tipp

ÜBERNACHTEN

D'Arlatan
Erstklassiges Hotel in einem Palais aus dem 15. Jh. mit Innenhof und Garten. *34 Zi., 26, rue du Sauvage, Tel. 04 90 93 56 66, Fax 04 90 49 68 45, www.hotel-arlatan.fr, €€€*

Le Calendal
Preiswertes Hotel mit hübschem Garten in der Nähe der Arenen. *38 Zi., 5, rue Porte de Laure, Tel. 04 90 96 11 89, Fax 04 90 96 05 84, www.lecalendal.com, €€*

AM ABEND

Cargo de Nuit
Bar und Restaurant mit Livekonzerten. *7, avenue Sadi-Carnot, Tel. 04 90 49 55 99, www.cargodenuit.com*

L'Entrevue
Caférestaurant, das der Verlag Actes Sud für die Kulturwelt von Arles gegründet hat. *23, quai Marx-Dormoy*

AUSKUNFT

Office de Tourisme
43, boulevard de Craponne, Tel. 04 90 18 41 20, Fax 04 90 18 41 29, www.arles.org

ZIELE IN DER UMGEBUNG

Aigues-Mortes **[118 A4]**
Die Stadt (6000 Ew.) am Westrand der Camargue mit der besterhaltenen Wehranlage des 13. Jhs. in ganz Europa ist den 50-km-Ausflug von Arles wert. Der Name – »Tote Wasser« – kennzeichnet das Sumpfland, das Ludwig IX., der Heilige, im 13. Jh. erwarb, um an der Mittelmeerküste erstmals Fuß zu fassen. Er ließ eine Stadt erbauen, die damals noch am – heute 8 km entfernten – Meer lag. Sehenswert ist die komplett erhaltene Stadtmauer mit dem 40 m hohen Wehrturm *Tour de Constance*, der eine herrliche Aussicht bietet (Aufgang mit Fahrstuhl für Behinderte von der Place Anatole-France aus). Auskunft: *Office de Tourisme, Porte de la Gardette, Tel. 04 66 53 73 00, Fax 04 66 53 65 94*

Les Alpilles **[119 D–F2]** Insider Tipp
Die kahlen, kalkig weißen Bergspitzen, höchstens 500 m hoch, geben der Landschaft zwischen Arles und Avignon ihren eigenen Charakter: blühende Täler mit Gemüsefeldern und Weinbergen, Olivenhaine, auf Hochebenen einsame Gehöfte und Schafherden. Dörfer wie *Aureille* (Stierfest Mitte August unterhalb

der Schlossruine), *Mouriès* (Golfplatz), *Eyguières* (Roquemartine-Schloss) oder *Eygalières* sind heute als Ferienorte bei Prominenten beliebt. Sehenswert ist der Alchimistengarten *Jardin de l'Alchimiste* (Insider Tipp) *(Mitte Mai–Mitte Okt. tgl. 10–13 und 15–18.30 Uhr, 5 Euro, www.jardin-alchimiste.com)* in Eygalières.

Les Baux-de-Provence **[113 E5]**

★ Wie der Bug eines riesigen, weißgrauen Schiffes stemmen sich die Felsen von Les Baux in das sanfte Grün des Tals. Die Ruinen der mittelalterlichen Burg sind heute eine der großen Touristenattraktionen der Provence und bieten eine herrliche Aussicht. In den Mauerresten des alten Felsendorfes, in dem sich vor mehr als einem halben Jahrtausend die Troubadours aus ganz Europa zum Wettstreit der Minnesänger trafen, haben sich Cafés, Bistros, Galerien und Andenkenläden etabliert, die von dem Besucherstrom profitieren. Auskunft: *Office de Tourisme, Ilot Post Tenebras Lux, Tel. 04 90 54 34 39, Fax 04 90 54 51 15, www.lesbauxdeprovence.com*

Camargue **[118–119 B–E 3–6]**

★ Schwarze Stiere, weiße Pferde und rosarote Flamingos – sie sind die Hauptdarsteller im Delta der Rhône. Ein spontaner Besuch in der Camargue, die 1970 zum Naturschutzgebiet erklärt worden ist, kann aber enttäuschend sein: Wer auf eigene Faust in den Sümpfen, Seen und Lagunen die versprochenen Wunder der Natur sucht, stößt fast überall auf Zäune und Stacheldraht. Stammgäste kennen natürlich die Schleichwege und machen sich bei Sonnenaufgang mit Fernglas auf den Weg, um die Fauna und Flora auf 85 000 ha Fläche zu entdecken.

Für Neulinge lohnt sich der Weg ins *Musée Camarguais* *(Mas du* (Insider Tipp)

Blühende Täler, Weinberge, Olivenhaine: Les Alpilles

Stilecht erkundet man das Naturschutzgebiet der Camargue auf dem Pferderücken: Viele Reiterhöfe bieten Ausflüge an

Pont de Rousty, Sommer tgl. 9.15 bis 17.15, Juli/Aug. bis 18.45 Uhr, Winter 10.15–16.45 Uhr, 4,50 Euro) mit Informationen zu Geschichte und Gegenwart an der D 570 im Norden des Schutzgebietes.

Exzellente Dokumentationen bietet das *Centre d'Information de Ginès (D 570, Pont-de-Gau, Sa–Do 9–18, Winter bis 17 Uhr)* mit dem angeschlossenen Vogelpark *Parc ornithologique du Pont-de-Gau (tgl. 9, Winter 10 Uhr–Sonnenuntergang, 5,20 Euro).*

Die Camargue lässt sich mit dem Schiff erobern *(Tiki III, Saintes-Maries-de-la-Mer, Tel. 04 90 97 81 68, Mitte März–Mitte Nov., Ticket 9 Euro)*, auf dem Pferderücken *(Promenades à cheval de la Fadaise, route d'Arles, Saintes-Maries-de-la-Mer, Tel. 04 90 97 86 79)*, zu Fuß oder mit dem Mountainbike (drei Strecken sind ausgeschildert). Im Sommer bietet die Camargue riesige Badestrände bei Saintes-Maries-de-la-Mer und bei Salin-de-Giraud in der Nähe der Salzgewinnungsanlage (mit schöner Aussichtsplattform) am Strand von Piémanson.

Montmajour **[119 D2]**

Sie werden sofort von dem großartigen Bauwerk der Abtei (10. und 12. Jh.) und der Stille des Kreuzgangs gefangen genommen. Fromme Pilger wallfahrteten zu Hunderttausenden hierher, oft das letzte Stück in Booten, weil das Sumpfland rings um das Kloster überschwemmt war. Zur Besichtigung der 3 km nordöstlich von Arles gelegenen Anlage gehören Höhlen von Einsiedlern, zwei Kapellen und eine wuchtige Krypta, die zum Teil in die Felsen gehauen wurde. *Sommer tgl. 9–19 Uhr, Winter Mi–Mo 10–13 und 14–17 Uhr, 5 Euro*

Nîmes **[118 B1]**

Karte auf Seite 71

Die von Arles nur 30 km entfernte Hauptstadt (150 000 Ew.) des Départements Gard wird wegen ihrer Lage jenseits der Rhône offiziell nicht zur Provence gezählt, beweist aber durch ihre sehenswerten Bauwerke aus der Antike, dass sie in Roms *provincia* eine große Rolle gespielt hat.

Die wichtigsten Sehenswürdigkeiten sind der römische Tempel Maison Carrée und das Amphitheater. Beide liegen mitten im Autoverkehr der Großstadt, und beide gelten als die am besten erhaltenen römischen Bauwerke ihrer Art. Die Schönheit der um 10 v. Chr. errichteten *Maison Carrée (boulevard Victor Hugo, tgl. 9–12 und 14.30–19, Winter 9–12.30 und 14–18 Uhr, Eintritt frei)* mit ihren reinen und klaren Linien beschreiben große Künstler seit über 2000 Jahren. Gegenüber das Museum für zeitgenössische Kunst *Carré d'Art (Di–So 10–18 Uhr, 4,50 Euro)*, das der britische Architekt Norman Foster entworfen hat.

Das *Amphitheater (Arènes, rue de l'Aspic, tgl. 9–17.30, Sommer bis 18.30 Uhr, 4,50 Euro)*, bis zum 2. Jh. für 24 000 Zuschauer gebaut, ist im 19. Jh. wieder freigelegt und restauriert worden. Heute ist es Schauplatz für Stierkämpfe, Konzerte und Kongresse. Im Winter wird seit 1988 ein riesiges Dach über die Arena gezogen.

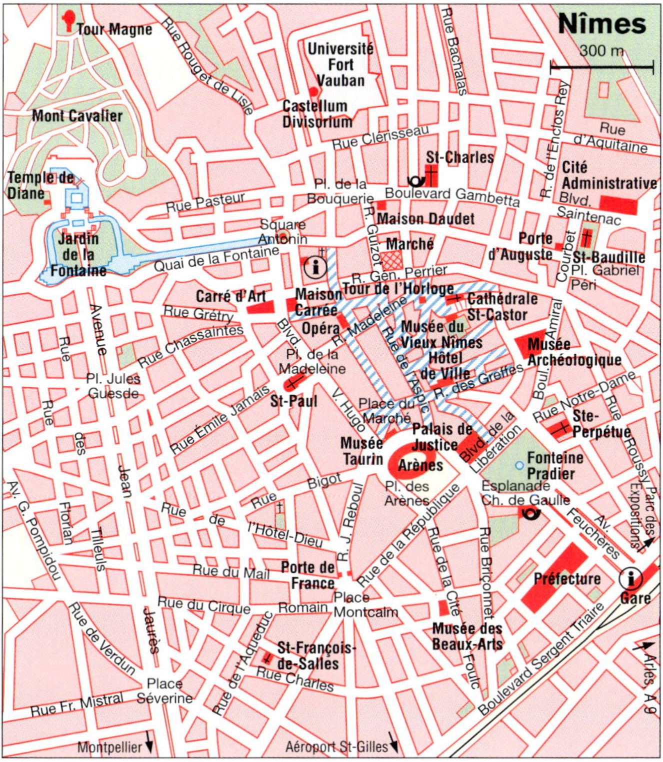

Das Amphitheater in Nîmes: stimmungsvolle Kulisse für Konzerte

Auskunft: *Office de Tourisme, 6, rue Auguste, Tel. 04 66 67 29 11, Fax 04 66 58 38 01*

Insider Tipp

Saint-Gilles **[118 B2–3]**

Kein Kunstliebhaber lässt diesen 12 000-Ew.-Ort 15 km westlich von Arles aus: Alle wollen das Portal der *Kirche Saint-Gilles* sehen. Romanische Bildhauer haben es so eindrucksvoll gestaltet, dass es von manchen Experten sogar noch höher bewertet wird als das Portal von Saint-Trophime in Arles. Die Skulpturen erzählen phantasievoll von der Passion Jesu und sind – wie in Arles – von naiver Frömmigkeit erfüllt. Auskunft: *Office de Tourisme, place Frédéric-Mistral, Tel. 04 66 87 33 75, Fax 04 66 87 16 28*

Saint-Rémy-de-Provence **[119 E1]**

Das kleine Städtchen (10 000 Ew.) 20 km nordöstlich in den Alpilles wurde im 6. Jh. v. Chr. als Glanum gegründet. Seit 1942 legen Archäologen die seit 17 Jahrhunderten verlassene Stadt frei *(2 km südlich von Saint-Rémy, tgl. 9–19, Winter 9–12 und 14–17 Uhr, 5 Euro)*. In der Stadt sind im *Dépôt Lapidaire (Hôtel de Sade, tgl. 10–12 und 14–18, Juli/Aug. bis 19 Uhr, Winter bis 17 Uhr, 2,25 Euro)* Objekte aus Glanum ausgestellt.

Saint-Rémy, heute ein Ferienziel (nicht nur) für Prominente wie die monegassische Fürstenfamilie, ist der Geburtsort von Nostradamus (1503). Van Gogh verbrachte ein Jahr in der Psychiatrie des Klosters Saint-Paul-de-Mausole (die Allee mit den Schwertlilien gibt es noch immer). Eine preisgünstige Unterkunft ist das *Hôtel l'Amandière (avenue Théodor Aubanel, 26 Zi., Tel. 04 90 92 41 00, Fax 04 90 92 48 38, €€)*.

Auskunft: *Office de Tourisme, place Jean-Jaurès, Tel. 04 90 92 05 22, Fax 04 90 92 38 52, www.saintremy-de-provence.com*

Saintes-Maries-de-la-Mer [118 B5]

Das einstige Fischerdorf 37 km südlich von Arles ist heute (2500 Ew.) nicht wieder zu erkennen. Im Winter liegt es im Schatten seiner mächtigen *Festungskirche* mit Aussichtsplattform nach 53 Stufen *(Sommer tgl. 10–12 und 14–18, Juli/Aug. bis 20 Uhr, Winter Mi, Sa und So 10–12 und 14–17 Uhr, 1,50 Euro)* nahezu leblos zwischen den Seen der Camargue und dem Meer. Zur Zigeunerwallfahrt am 24. Mai beginnt die Saison. Im Sommer sind Stadt und Strände mit feinem Sand und zum Teil mit Dünen überlaufen, die Preise steigen ins Maßlose, und Eigentumsdelikte nehmen zu.

Preiswert wohnen und essen Sie im *Le Delta (7 Zi., place Mireille, Tel. 04 90 97 81 12, Fax 04 90 97 72 85, €)* oder im *Mas des Salicornes (16 Zi., route d'Arles, Tel./Fax 04 90 97 83 41, www.hotel-salicornes.com, €)*.

Auskunft: *Office de Tourisme, 5, avenue van Gogh, Tel. 04 90 97 82 55, Fax 04 90 97 71 15, www.saintesmariesdelamer.com*

Salon-de-Provence [114 A6]

Die gut erhaltene, auf einem Felsen errichtete *Empéri-Burg* mit ihrem sehenswerten *Museum (Mi–Mo 10 bis 18, Winter 10–12 und 14–17 Uhr, 3 Euro)* beherrscht auch heute noch das Bild der sympathischen Kleinstadt (34 000 Ew.) gut 40 km östlich und ist im Sommer Schauplatz für große Konzerte. Berühmt gemacht hat die Stadt der Arzt und Astrologe Nostradamus, der hier die letzten 19 Jahre seines Lebens bis zu seinem Tod 1566 verbrachte. Sein Wohnhaus ist heute ein *Museum (rue Nostradamus, Mo–Fr 9 bis 12 und 14–18, Sa/So 14–18 Uhr, 3 Euro)*.

Auskunft: *Office de Tourisme, 56, cours Gimon, Tel. 04 90 56 27 60, Fax 04 90 56 77 09*

Tarascon [119 D1]

★ Das prächtige und sehenswerte Schloss erhebt sich 12 km nördlich von Arles über der Rhône. Der »gute König« René hat den mächtigen Bau seiner Vorfahren um 1450 vollendet und dort rauschende Feste gefeiert. Im 17. Jh. wurde das Schloss zum Gefängnis degradiert. Von den nicht möblierten Wohn- und Festräumen führen 136 Stufen zur Dachterrasse mit einem besonders schönen Rundblick. *Château du Roi René, tgl. 9–19, Winter Mi–Mo 9–12 und 14–17 Uhr, 5 Euro*

Bei vielen Festen in der südlichen Provence werden die traditionellen Trachten aus dem Schrank geholt

Die Metropole am Mittelmeer

Frankreichs älteste Stadt ist heute lebendiger denn je

Karte im hinteren Umschlag

Marseille kennt keine Zwischentöne. Entweder man liebt die älteste Stadt Frankreichs oder man hasst sie. Die Großstadt (800 000 Ew.) an einer der schönsten Buchten des Mittelmeers ist ein riesiger Schmelztiegel fast aller Nationen dieser Erde, mit seinen über 100 Vierteln chaotisch, voller Widersprüche und Poesie. Wie ihr Aushängeschild, der über hundert Jahre alte Fußballclub Olympique de Marseille, kurz OM genannt, hat die Stadt in ihrer 2600-jährigen Geschichte alle Höhen und Tiefen, alle Träume und Enttäuschungen erlebt.

Heute sieht es so aus, als stehe die Metropole am Mittelmeer wieder einmal vor einem Aufschwung. Der Hochgeschwindigkeitszug TGV, der Marseille in drei Stunden mit Paris verbindet, lässt die Immobilienpreise explodieren. Marseille gilt schon eine Weile als kulturelles Zentrum des Südens. Die vielen kleinen und großen Theater haben mehr Zuschauer als die Kicker von OM, in den alten Industriebrachen

Obwohl mitten im Zentrum gelegen, hat Marseilles Altstadtviertel Le Panier noch fast dörflichen Charakter

Von Cassis fahren Ausflugsboote in die Felsbuchten der Calanques

experimentieren junge Künstler, die Musik der Rapper mit nordafrikanischen Elementen ist in ganz Frankreich ein Begriff. Und seit der Fußball-WM 1998 ist Marseille mit seinen herrlichen Stränden am überraschend sauberen Meer auch ein touristisches Ziel geworden.

Marseille besitzt eine U-Bahn und ein Netz gut funktionierender Buslinien. Man kann damit die Cité Radieuse besuchen, das Experiment einer in sich geschlossenen, fast autarken Wohnsiedlung des berühmten französischen Architekten Le Corbusier. Man kann mit dem Bus ans Mittelmeer fahren oder weiter Richtung Osten zum modernen Universitätsgelände.

Man kann aber auch zu Fuß gehen, etwa durch eine der Straßen, die vom Alten Hafen nach Süden führen, zum Beispiel die breite Rue de Rome, in deren Geschäften man zwar nicht nach den neuesten Kreationen der Pariser Modeschöpfer Ausschau halten sollte, aber doch nach einer günstigen Gelegenheit für ein einfaches, schickes Kleid. Wer verstehen will, warum die allermeisten Einwohner Marseille trotz des schlechten Rufes lieben, muss nur einmal vom Vieux Port, dem Alten Hafen, auf der Corniche, der Küstenstraße, am Meer entlang nach Osten fahren, bis zu den kleinen Häfen von Les Goudes oder Callelongue. Und wer einmal vom Platz der Kathedrale Notre-Dame-de-la-Garde aus sieht, wie die untergehende Sonne das unendliche Häusermeer am Wasser in Gold taucht, bevor sie hinter den Hügeln versinkt, wird diesen majestätischen Blick über die Metropole nie mehr vergessen. **[120–121 C–D 3–5]**

SEHENSWERTES

Das Office de Tourisme bietet neben exzellenten Routenvorschlägen kommentierte *Stadtbesichtigungen*

Jeden Morgen schlagen die Fischer am Quai des Belges ihre Stände auf

im Omnibus an *(Juli–Okt. tgl., 12,50 Euro)*. Ein *Touristenzug* auf Rädern fährt von Ostern bis Mitte Oktober zwei Routen *(Abfahrt Alter Hafen, 4,50 Euro)*.

Altstadt **[U C–D2]**

Der ★ *Vieux Port,* der Alte Hafen, ist seit zweieinhalb Jahrtausenden das Herz von Marseille und Ausgangspunkt für die Erkundung der Stadt. Jeden Morgen findet am quai des Belges, an dem die Ausflugsschiffe anlegen, der pittoreske Fischmarkt statt. Rechter Hand, über den quai du Port auf der Höhe des Rathauses *(Hôtel de Ville),* das von der deutschen Abrissaktion im Zweiten Weltkrieg verschont wurde, führt der Weg ins Altstadtviertel *Le Panier*. Wie das Rathaus erhalten geblieben sind die *Maison Diamantée* und das *Hôtel du Cabre* mit ihren sehenswerten Fassaden aus dem 16. Jh. Vom markanten Turm, dem *Clocher des Accoules,* geht es über Treppen hinauf zur *place des Moulins,* dem Zentrum des Viertels, das mitten in der Großstadt auch heute noch dörflichen Charakter hat. Le Corbusier, dem großen Architekten, ist es zu verdanken, dass das von Pierre Puget (1620–1694) entworfene Armenkrankenhaus ★ *La Vieille Charité,* eines der schönsten Barockensembles in Frankreich, liebevoll als Kulturzentrum restauriert wurde.

Belsunce **[U D–E 1–2]**

Das Immigrantenviertel rund um den Arc de Triomphe, den Triumphbogen aus dem 19. Jh., den die Einheimischen Porte d'Aix nennen, ist mit seinen Basaren und Geschäften ein Stück lebendiges Nordafrika.

MARCO POLO Highlights »Marseille«

★ **Alter Hafen**
Treffpunkt für Einheimische und Touristen im Zentrum der Stadt (Seite 76)

★ **Corniche des Crêtes**
Fahrt entlang der Felsenküste hoch überm Mittelmeer (Seite 83)

★ **Cassis**
Hafen, Wein, Felsenstrände: schönes Finale der Calanques (Seite 82)

★ **Calanques**
Die hohen, weißen Küstenklippen südlich von Marseille (Seite 82)

★ **La Vieille Charité**
Modernes Kulturzentrum mit zwei sehenswerten Museen im Barockbau aus dem 17. Jh. (Seite 76 und 79)

★ **Notre-Dame-de-la-Garde**
Kathedrale in großartiger Aussichtslage (Seite 78)

Château d'If und Frioulinseln **[120 C4]**
Der Graf von Monte Christo gilt als berühmtester Gefangener auf der kleinen Insel If. Dabei war er nur eine Romanfigur von Alexandre Dumas. Die Festung auf *Château d'If* mit dem Aussichtsturm gehört mit den Frioulinseln *Ratonneau* und *Pomègues* zu den Eilanden in der Bucht von Marseille, die vom Alten Hafen aus angefahren werden *(tgl. jede Stunde im Sommer, Kombiticket 12 Euro)*. Ratonneau hat mit dem *Port de Morgeret* und der *Calanque de Saint-Estève* unterhalb des ehemaligen Quarantänekrankenhauses Caroline zwei der schönsten Strände der Stadt.

Insider Tipp

Cité Radieuse **[O]**
In Marseille heißt die revolutionäre Wohnanlage von Le Corbusier La Maison du Fada, das »Haus des Verrückten«. Die 1953 vollendete »Lichterstadt« auf Pfeilern für rund 2000 Menschen gilt als Meilenstein der modernen Architekturgeschichte. *280, boulevard Michelet, Informationen über Besichtigungen beim Office de Tourisme*

Cours Julien **[U F2–3]**
Das Viertel, bis 1972 der große Gemüsemarkt von Marseille, ist mit seinen Cafés, Restaurants und Geschäften zum Modetreff für die jüngere Generation geworden.

Docks de la Joliette **[U C1–2]**
Ein Symbol für den Aufschwung von Marseille. Die Lagerhallen nach britischem Vorbild aus dem 19. Jh. sind in den Neunzigerjahren zu einem riesigen Bürogebäude mit Cafés und Restaurants umgebaut worden.

Gärten und Parks
Über 300 Gärten, Parks und kleinere Grünanlagen sorgen für Abwechslung im Häusermeer. Der *Parc Borély* **[O]** in der Südstadt hinter der Pferderennbahn an der

Monströse Nachahmung historischer Stilformen: die Kathedrale La Major

Strandpromenade mit tropischem Gewächshaus, Rosengarten, kleinem See und *Schloss (Mi, Do, Sa, So 10–19, Mo, Di, Fr 13–19 Uhr, 4,50 Euro)* ist Anfang Juli Schauplatz für die Pétanquemeisterschaft der Zeitung »La Marseillaise«. Im Herrenhaus der *Campagne Pastré* **[O]** weiter in Richtung Osten an der avenue de Montredon mit einem herrlichen Park ist das *Fayencemuseum (Di–So 11–18, Winter 10–17 Uhr, 1,80 Euro)* untergebracht. Einen großartigen Blick auf den Alten Hafen bietet der *Garten des Palais du Pharo* **[U B3]**, den Napoleon III. gegenüber dem Fort Saint-Jean für seine Frau bauen ließ.

Insider Tipp

Kirchen

Für den Bau der monströsen neuen *Kathedrale La Major (**U C2,** place de la Major)* aus dem 19. Jh. im Norden des Alten Hafens ist die alte Major-Kathedrale, eine der schönsten romanischen Kirchen des Südens, fast zerstört, aber jetzt wieder liebevoll restauriert worden. Die *Wehrkirche Saint-Victor (**U C4,** place Saint-Victor, tgl. 10–19 Uhr, 1,50 Euro)* aus dem 11. und 13. Jh. mit einer sehenswerten Krypta steht auf den Fundamenten eines einst mächtigen Klosters (3.–5. Jh.) und ist heute Konzertsaal für ein Klassikfestival. Eine architektonische Schönheit ist ★ *Notre-Dame-de-la-Garde (**U D5,** plateau de la Croix, tgl. 7–19.30, Sommer bis 21 Uhr)* aus dem 19. Jh. genauso wenig wie La Major, aber die Aussicht von dem 162 m hohen Hügel versöhnt mit allem Kitsch. Trotzdem sehenswert die Exvototafeln im Innern der Kathedrale, die ganz Marseille nur La Bonne Mère (»Die Gute Mutter«) nennt.

Vallon des Auffes/ Malmousque **[U A5]**

Insider Tipp

Mitten in der Großstadt ein Fischerhafen wie aus dem Bilderbuch. Zugang über eine Treppe gegenüber dem Orientkriegerdenkmal (Monument aux Morts d'Orient). Unter dem Viadukt sind gleich drei empfehlenswerte Restaurants. Eine Institution für Fischgerichte ist *Chez Fonfon (Tel. 04 91 52 14 38, €€€)*. Neuer Stern am Gastrohimmel ist *L'Épuisette (Tel. 04 91 52 17 82, €€€)*. Sehr viel einfacher die *Pizzeria Jeannot (Tel. 04 91 52 11 28, €–€€)*.

Ein weiteres, überraschendes Viertel: Nach dem übergroßen Porträt des in Marseille aufgewachsenen Fußballstars Zinédine Zidane auf einer Hauswand an der Küstenstraße führen Treppen ins malerische Viertel von Malmousque.

MUSEEN

Öffnungszeiten der Museen wenn nicht anders angegeben *Juni–Sept. Di–So 11–18, Okt.–Mai 10–17 Uhr*. Es gibt im Office de Tourisme einen preiswerten *Museumspass (7,50 Euro)*, sonst *Eintritt zwischen 1,80 und 2,70 Euro.*

Musée d'Art Contemporain [O]
Die übergroße Daumenskulptur des in Marseille geborenen César zeigt den Weg zum Museum für zeitgenössische Kunst. *69, avenue de Haifa*

Musée Cantini [U E3]
Spezialisiert auf Kunst des 20. Jhs. bis 1960. Die Surrealisten um André Breton und Max Ernst, im Zweiten Weltkrieg als Flüchtlinge in Marseille, haben dem Haus viele Arbeiten vermacht. *19, rue Grignan*

Musée Grobet-Labadié [O]
Ein Stadtpalais des 19. Jhs. mit ausgewählt schönen Möbeln, Kunsthandwerk und Gemäldesammlung. *140, boulevard Longchamp*

Musée d'Histoire [U E2]
Direkt am Trümmergarten *(Jardin des Vestiges)* wird im Einkaufszentrum Centre Bourse, das 1967 an der Stelle des antiken Hafens entstand, die lange Geschichte von Marseille dokumentiert. *Mo–Sa 12–19 Uhr*

Musée de la Mode [U E2]
Einzigartiges Modemuseum mit großem Fundus, Dokumentationszentrum mit Wechselausstellungen zu ausgewählten Themen. *11, boulevard de la Canebière, Di–So 12–19 Uhr*

Palais Longchamp [O]
Im linken Flügel des ehemaligen Wasserschlosses das Museum für Kunst aus dem 16.–19. Jh., darunter viele Arbeiten von Pierre Puget. Im rechten Flügel ist das Naturkundemuseum untergebracht. *Boulevard Longchamp*

Vieille Charité [U C1–2]
★ In dem wunderschönen Barockbau mit einer Kapelle aus dem 17. Jh. von Pierre Puget wurde 1988 ein Kulturzentrum (Konzerte, Ballett und Theater) eingerichtet. Sehenswert sind die beiden in den Arkaden integrierten Museen für Mittelmeerarchäologie und für Kunst aus Afrika, Ozeanien und dem indischen Amerika. *2, rue de la Charité*

ESSEN & TRINKEN

Les Arcenaulx [U D3]
Speisen zwischen Büchern in einer alten Lagerhalle aus dem 17. Jh. ein paar Schritte vom Alten Hafen entfernt. Teestube und Boutique. *25,*

cours d'Estienne-d'Orves, Tel. 04 91 59 80 30, €€–€€€

Insider Tipp

Coquillages Toinou **[U E2]**
Die Einheimischen täuschen sich nicht. Nirgendwo gibt es frischere und bessere Meeresfrüchte. Dafür gibt es kein einziges warmes Gericht, außer den Muschelvariationen in den Monaten ohne »r«, also von Mai bis August. *3, cours Saint-Louis, Tel. 04 91 33 14 94, www.marseillissime.com/toinou,* €

Insider Tipp

La Grotte **[O]**
Hier ist das Ende von Marseille und der Anfang der Calanques. In der letzten bewohnten Bucht der Metropole hat sich die ehemalige Pizzeria zu einem richtigen Restaurant gemausert. *Calanque de Callelongue, Tel. 04 91 73 17 79,* €–€€

Le Petit Nice **[U A–B6]**
Spitzenrestaurant im griechischen Villenstil direkt am Meer. Fragen Sie Meisterkoch Gérald Passédat zum Abschluss des Menüs nach seinem *grand dessert. Corniche Kennedy/anse de Maldormé, Tel. 04 91 59 25 92,* €€€

Les Trois Forts **[U C3]**
Sehr gute Küche von Dominique Frérard in einem Hotelzweckbau, der abends die schönste Aussicht auf den Alten Hafen bietet. *36, boulevard Livon, Tel. 04 91 15 59 56,* €€€

EINKAUFEN

Die alte Prachtstraße *La Canebière* **[U E–F2]** hat viel von ihrem Glanz verloren. Dafür finden Sie in der *rue Saint-Ferréol* **[U E2–3]** elegante Geschäfte mit allen großen Marken. Weitere Einkaufsstraßen sind die *rue Paradis* **[U E3]** und die *rue Grignan* **[U E3]**. Schnäppchenjäger sind im Viertel *Belsunce* **[U D–E 1–2]** gut aufgehoben. Für Bücher über die Region ist *Jeanne Laffitte* in *Les Arcenaulx* am *cours d'Estienne-d'Orves* **[U D3]** die erste Adresse, die klassische Kernseife aus Marseille gibt es bei *Compagnie de Provence (***U C–D2,** *1, rue Caisserie),* für die legendären *navettes,* das harte Gebäck mit Orangenschalengeschmack, ist seit Generationen *Le Four de Navettes (***U D3,** *136, rue Sainte)* zuständig. Wer Schokolade mag, selbst wenn sie mit Olivenöl oder gar mit Zwiebeln zubereitet ist, steht Schlange in *La Chocolaterie (***U C2,** *4, place des Treize-Cantons).* Für die *santons,* die provenzalischen Krippenfiguren, ist im Dezember auf den *allées Gambetta* **[U E–F2]** ein Extramarkt eingerichtet. Frische Fische werden tgl. auf dem *quai des Belges* **[U D2–3]** verkauft, Lebensmittel gibt es Mo bis Sa auf dem *cours Pierre-Puget* **[U D–E 3–4]**, der *place Jean-Jaurés* **[U F2]**, der *place du Marché-des-Capucins* **[U F2]** und auf der *avenue du Prado* **[U F5]**. Ein riesiger Flohmarkt findet jeden Sonntagmorgen auf der *avenue du Cap-Pinède* **[O]** im Viertel von Arenc statt.

ÜBERNACHTEN

Edmond-Rostand **[U F4]**
Einfaches Hotel mit exzellentem Frühstück zwischen der Präfektur und der Place Castellane. *16 Zi., 31, rue du Dragon, Tel. 04 91 37 74 95, Fax 04 91 57 19 04,* €

Hermès **[U D2]**
Wer am Alten Hafen ein nicht zu anspruchsvolles Quartier sucht, ist

hier an einer Ecke zum quai du Port gut aufgehoben. *28 Zi., rue de la Bonneterie, Tel. 04 96 11 63 63, Fax 04 96 11 63 64, www.hotelmarseille.com, €€*

New Hôtel Bompard **[U B6]**
Ruhiges Hotel hinter der corniche Kennedy mit schönem Garten. Etwas teurer, aber trotzdem empfehlenswert. *46 Zi., 2, rue des Flots Bleus, Tel. 04 91 52 10 93, Fax 04 91 31 02 14, www.new-hotel.com, €€*

Péron **[U B4]**
Direkt am Meer mit Panoramablick auf die Inseln. Die Zimmer sind etwas veraltet und kitschig, das Restaurant ist bereits renoviert. *28 Zi., 119, corniche Kennedy, Tel. 04 91 31 01 41, Fax 04 91 59 42 01, €–€€*

STRÄNDE

Marseille hat in den letzten Jahrzehnten seine Strände herausgeputzt. Die David-Statue auf der Kreuzung der Küstenstraße mit der avenue du Prado, eine Kopie des Michelangelo-Werks, ist Anhaltspunkt für die *Plages Gaston-Defferre* **[O]:** über 45 ha mit Sand- und Kieselstränden, Duschen, Rasenfläche, Cafés und Restaurants sowie im Sommer Konzerten und Beachvolleyballturnieren. Empfehlenswert ist außerdem der Strand im Nordwesten von L'Estaque, die *Base Nautique de Corbière* **[O]**, mit Blick auf die Bucht von Marseille.

AM ABEND

Außer den klassischen Kulturtempeln wie Oper, Theater, Varieté und große Popkonzerte (der Dôme im Viertel Saint-Just **[O]** fasst 8000 Zuschauer) bietet Marseille, ähnlich wie Barcelona in den Achtzigerjahren, eine *movida* der Szene. Zentren für Künstlerkneipen, Jazzclubs, Technodiskos und Rockkonzerte sind das Viertel *La Plaine* rund um den Cours Julien **[U F2–3]** und der *Ilôt Thiars* **[U D3]** mit dem quai de Rive-Neuve direkt am Alten Hafen und seinen Diskotheken wie *Le Trolleybus (34, quai de Rive-Neuve)* oder *Club 116 (rue du Chantier)*. Das ausführliche Kulturprogramm steht in der Gratiszeitung »Taktik«.

AUSKUNFT

Office Municipal de Tourisme
4, boulevard de la Canebière **[U D–E 2–3]**, *Tel. 04 91 13 89 00, Fax 04 91 13 89 20, www.marseille-tourisme.com; gare Saint-Charles* **[U E1]**, *Tel. 04 91 50 59 18*

Weitere Informationen im Internet gibt es vom Rathaus *(www.mairie-marseille.fr)*, von Privatleuten, zum Teil mit deutscher Übersetzung *(www.marseille-sur-web.fr)* Insider Tipp oder von Lokalausgaben großer Anbieter wie *www.bestofmarseille.com* und *www.petitfute.com.*

ZIELE IN DER UMGEBUNG

Aubagne **[121 E4]**
Die Geburtsstadt (43 000 Ew.) des großen provenzalischen Autors und Filmregisseurs Marcel Pagnol (1895 bis 1974) 15 km östlich hat eine hübsche Altstadt und ist ein Zentrum der Herstellung von *santons*, den kleinen Tonfiguren für Weihnachtskrippen. Schöner Trödelmarkt jeden letzten So im Monat.

Bandol **[121 F6]**
Gut 50 km östlich von Marseille ein Badeort, der mit seinen Palmen schon einen Hauch von Côte d'Azur besitzt. Aus dem Umland mit den hübschen Felsendörfern Le Castellet und La Cadière d'Azur kommen die guten Rotweine aus der Mourvèdretraube. Informationen über die Weingüter in der *Maison des Vins du Bandol (22, allées Vivien, Tel. 04 94 29 45 03, www.vins-de-bandol.com).*

Calanques **[121 D–E5]**
★ Die Felsenlandschaft zwischen Marseille und Cassis gehört zu den schönsten Naturschauspielen Frankreichs und ist ein Paradies für Kletterer und Wanderer. Nur zwei der wie Fjorde tief in den Kalk geschnittenen Buchten sind bewohnt: *Sormiou* und *Morgiou* (im Sommer sind die Zufahrtsstraßen geschlossen). Von Cassis aus fahren Ausflugsboote in die Buchten von *Port-Miou* und *En-Vau.*

Cassis **[121 E5]**
★ »Wer Paris gesehen hat, aber nicht Cassis, der hat nichts gesehen.« Die Hügel sind trotz der Weinberge, die schon seit 1936 die Herkunftsbezeichnung AOC tragen, ziemlich verbaut, aber der Hafen des 25 km südöstlich gelegenen Badeorts (8000 Ew.) ist immer noch wunderschön. Herrliche Felsenstrände zwischen der Plage du Bestouan und der Presqu'île auf dem Weg in die Calanques. Auskunft: *Office de Tourisme, place Baragnon, Tel. 04 42 01 71 17, Fax 04 42 01 28 31, www.cassis.enprovence.com*

La Ciotat **[121 E5]**
Die Küstenstadt (32 000 Ew) 35 km südöstlich am Fuß des roten Felsens Bec de l'Aigle (Adlerschnabel) verwandelt sich nach dem Konkurs der Großwerften in einen Badeort. Hier sind die Gebrüder Lumière, die Erfinder des Kinos, geboren, hier wurde das Pétanquespiel erfunden. Trotz Spielkasino kein Lu-

Die meisten Calanques erreichen Sie nur zu Fuß oder mit dem Boot

Gute Weine, herrliche Felsstrände und ein charmanter Hafen: Cassis

xus, sondern familiäre Atmosphäre. Auskunft: *Office de Tourisme, boulevard Anatole-France, Tel. 04 42 08 61 32, Fax 04 42 08 17 88, www.laciotat.com*

Corniche des Crêtes **[121 E5]**
★ Die Fahrt über die Höhenstraße zwischen Cassis und La Ciotat ist ein Erlebnis. In La Ciotat ist die Route des Crêtes, die bei starkem Wind im Sommer wegen Waldbrandgefahr geschlossen sein kann, ausgeschildert. Von den Felsnasen der bis zu 400 m hohen Steilküste haben Sie einzigartige Ausblicke auf Cassis und die Calanques.

Côte Bleue **[120 A–C 3–4]**
Die Küste zwischen L'Estaque und Martigues ist das Naherholungsgebiet der Großstadt. In der Felsenbucht von Niolon gibt es das größte Tauchzentrum Europas *(Centre UCPA, Tel. 04 91 46 90 16)* und mit der *Auberge du Mérou (Niolon, Tel. 04 91 46 98 69, €–€€)* ein sehr gutes Restaurant mit traumhaftem Blick auf die Bucht von Marseille und fünf kleinen Zimmern *(€)*, die wie Schiffskojen eingerichtet sind.

Insider Tipp

Von Niolon führt ein Küstenwanderpfad in die ebenfalls sehr schöne *Bucht von Méjean. Martigues* am Ausgang des von Raffinerien umgebenen Brackwassersees Étang de Berre hat eine hübsche Altstadt mit Kanälen. Die Industriestädte *Port-de-Bouc* und *Fos* sind für ihre beliebten *sardinades* im Juli und August bekannt, wenn jeden Abend am Meer frisch gegrillte Sardinen verkauft werden.

Saint-Blaise **[120 A2]**
Im Südwesten des Étang de Berre sind die Ruinen der etruskischen Siedlung von Saint-Blaise ausgegraben worden. Weiter Blick vom Felsen der ehemaligen Oberstadt, die von einer 400 m langen Wehrmauer mit punischen und griechischen Inschriften geschützt wurde.

Schöne Dörfer und köstliche Tropfen

Die Touren sind in der Karte auf dem hinteren Umschlag und im Reiseatlas ab Seite 110 grün markiert

1 FÜNF DER SCHÖNSTEN DÖRFER FRANKREICHS

Über hundert Orte in Frankreich tragen den Titel »Schönstes Dorf Frankreichs«. In der Provence ist die Pariser Jury bei ihrer Suche nach landschaftlicher Schönheit, Pflege des Dorfensembles, Blumenschmuck, Lebensqualität und typischen Eigenheiten der Region besonders oft fündig geworden. Auf dieser rund 65 km langen Fahrt zu schönen Dörfern zwischen Lubéron und Haut-Vaucluse lernen Sie mit Lourmarin, Roussillon, Ménerbes, Gordes und Venasque gleich fünf so ausgezeichnete Ortschaften kennen. Einen oder zwei Tage Zeit sollten Sie sich für diese Tour nehmen, wenn Sie sich in den Dörfern umschauen wollen.

Lourmarin (S. 39) ist der Ausgangspunkt. In den Schutz des Renaissanceschlosses flohen im 16. Jh. die protestantischen Waldenser, um später gleichwohl vom katholischen Adel der Gegend grausam hingemetzelt zu werden. Das Ortsbild prägen die vielen Galerien, Restaurants und Antiquitätenläden.

Nach der engen Schlucht der Combe de Lourmarin biegen Sie links auf die D 36 ab und kurbeln hinauf nach *Bonnieux* (Auskunft: *Office de Tourisme, place Carnot, Tel. 04 90 74 03 18, www.bonnieux.com*), einst der wichtigste Ort des Lubéron, heute mit seinem österlichen Töpfermarkt ein Treffpunkt für Kunsthandwerker. Der sehr schöne, 1861 mit Samen aus dem marokkanischen Atlasgebirge gepflanzte *Forêt des Cèdres* (Zedernwald) lädt zu langen Spaziergängen ein *(sentier de découverte mit Infotafeln, D 36 von Bonnieux zum Gipfel des Petit Lubéron, kostenpflichtiger Parkplatz).* Von der Aussichtsterrasse über der Altstadt mit ihren noblen Häusern blicken Sie bereits zu den Ockerfelsen von Roussillon.

Doch vorher geht es auf der kurvenreichen D 109 zu den Ruinen des *Schlosses* des Marquis de Sade in *Lacoste.* Hier fanden die »sadistischen« Orgien statt, die er ausführlich beschrieben hat und für die er 1772 in Aix in Abwesenheit zum Tode verurteilt wurde.

Das verschlafene Lacoste im Lubéron: einst Schauplatz der Orgien de Sades

Künstler (und später Touristen) erweckten Gordes wieder zum Leben

Die D 109 bringt Sie zum nächsten »schönsten Dorf«, nach *Ménerbes,* eine Zeit lang Domizil des britischen Schriftstellers Peter Mayle und deswegen ein Ziel für Touristenbusse. Im Mittelalter galt der Ort wegen seiner Lage auf hohen, steilen Felsen als uneinnehmbar, weshalb sich während der Religionskriege die Waldenser und Hugenotten hierher zurückzogen.

Weiter geht die Fahrt auf der D 103 nach *Gordes (S. 38).* Das Dorf auf dem Berggipfel ist zu einem der meistfotografierten der Provence geworden – als Plakatmotiv der Tourismuswerbung wanderte es um die Welt. Das fast vollständig verlassene und verfallene Dorf wurde erst vor ein paar Jahrzehnten von dem Maler André Lhote wieder entdeckt und mit Freunden aus Kunst und Kunsthandwerk wieder belebt. Die steilen Gassen an einem warmen Nachmittag zu durchwandern und sich anschließend (von Mai bis September) ein Streichquartett anzuhören gehört zu den unvergesslichen Erlebnissen einer Provencereise.

Eine große Konkurrenz ist 7 km östlich (D 2 und D 102) *Roussillon (S. 41)* mit seinen Ockerfarben, ebenfalls malerisch auf einem Bergrücken gelegen. Hier dreht sich alles um den Ocker, obwohl die Brüche im Ort bereits 1947 stillgelegt wurden. Sogar eine »Ockerstraße« haben die Verkehrsvereine von sechs Orten der Umgebung aus der Taufe gehoben, die zu den farbenprächtigsten Vorkommen und buntesten Häuserfassaden führt (Auskunft: *Office de Tourisme, place de la Poste, Tel. 04 90 05 60 25*). In einer ehemaligen Fabrik ist heute ein Ockermuseum aufgebaut *(Ancienne Usine Mathieu, route d'Apt, D 104, Feb.–Nov. Di–So 10–18, Sommer 9 bis 19 Uhr, 4 Euro).*

Eine preiswerte Bleibe in Roussillon ist die *Petite Auberge an der D 104 (7 Zi., Tel. 04 90 05 65 46, Fax 04 90 05 72 25, €€).* Zum Schlemmen und komfortablen Übernachten lädt das luxuriöse *Mas des Herbes Blanches* im Nachbarort *Joucas* ein *(19 Zi., Tel./Fax 04 90 05 79 79, www.relaischateaux.fr/masherbes, €€€).*

Joucas liegt schon an der D 102, die über die D 4 hinaufführt zum 627 m hohen Pass *Col de Murs.* Hier erinnern die Ruinen an die

Höhle von Barigoule, in der 1545 rund 20 Religionsflüchtlinge umkamen. Gelegentlich öffnet sich die Straße durch den Wald zu herrlichen Ausblicken, bevor sie durch die Schlucht von Véroncle ins nächste preisgekrönte Dorf kommen: Insider Tipp *Venasque* *(S. 48)* mit einer sorgfältig restaurierten Altstadt rund um das Zentrum, die place de la Fontaine, und mächtigen sarazenischen Türmen liegt auf einem Berggrat mit Aussicht auf den Mont Ventoux. Venasque hat dem Comtat Venaissin seinen Namen gegeben, dem kleinen Gebiet rund um Carpentras zwischen Mont Ventoux und Monts de Vaucluse, das wie die Enklave um Valréas Eigentum der Päpste war und bis zur Französischen Revolution 1789 Sonderrechte genoss.

Ausführliche Informationen (auch in deutscher Sprache) über diese Route erhalten Sie beim *Comité Départemental du Tourisme de Vaucluse (BP 147, 84008 Avignon Cedex, Tel. 04 90 80 47 00, www.provenceguide.com)* sowie speziell über den Lubéron in der *Maison du Parc du Lubéron (60, place Jean-Jaurès, 84400 Apt, Tel. 04 90 04 42 00, www.parc-du-luberon.org).*

2 ZU FUSS DURCH DIE CALANQUES VON MARSEILLE

Natur pur am Rande der Großstadt, weiße Felsen stürzen ins blaue Meer: Die Calanques zwischen Marseille und Cassis sind ein paradiesisches Labyrinth für Wanderer, die das Wort Schwindelgefühl aus ihrem Vokabular gestrichen haben. Einen ersten Einblick in diese faszinierende Landschaft gibt die folgende, rund vierstündige Wanderung.

Das klassische Tor für eine Entdeckungsreise in den Calanques öffnet sich bei der Universität von Luminy am südöstlichen Rand von Marseille. Der knapp 3 km lange

Die Herstellung von Lavendelöl erlebt im Lubéron eine Renaissance

Lehrpfad hinunter zur *Bucht von Sugiton* zeigt, dass die Calanques alles andere als eine Steinwüste sind. Schon auf den ersten Metern des breiten, nach den verheerenden Bränden von 1990 angelegten Weges lässt die Sonne Rosmarinsträucher und Thymianbüsche duften. Mit der Herrlichkeit der Bäume ist es erst auf dem 217 m hohen Pass von Sugiton vorbei. Nur Büsche überleben hier in den Kalkfelsen.

Tief unten blinkt das Meer. Eine atemberaubende Aussicht bietet die Insider Tipp Plattform auf dem Berggrat von *Saint-Michel.* Der Wanderpfad mit der Nummer GR 98 in Richtung Cassis, vorbei an den Ruinen einer alten Schäferhütte, führt hinunter zur Bucht. Sugiton wird von einer kleinen Felseninsel dominiert, die wie ein Stein gewordenes U-Boot aussieht.

Auf dem Weg nach Westen liegt eine der beiden bewohnten Calanques, nämlich *Morgiou.* Für die Menschen in Marseille ist schon der Name ein Traum – ein natürlicher Hafen, ein paar Dutzend einfache Häuser, die *cabanons.* Das provenzalische Wort für Hütte steht für eine ganze Lebensart. Einen Hauch von diesem mediterranen Lebensgefühl können Sie schnuppern in der *Nautic Bar (Tel. 04 91 40 06 37, €–€€),* einem Caférestaurant mit frischen Fischgerichten, das ganzjährig geöffnet ist.

Auskunft über Wanderwege und Kletterfelsen in den Calanques beim Office de Tourisme in Marseille *(S. 81).*

3 WEINGÜTER RUND UM AIX-EN-PROVENCE

Guter Wein spricht alle Sinne an. Architektonische Leckerbissen zum kostbaren Rebensaft sind viele der Güter bei Aix-en-Provence. Die insgesamt knapp

Mediterranes Lebensgefühl können Sie in der Calanque von Morgiou genießen

120 km lange Tour sollten Sie auf zwei Tage verteilen, um genügend Zeit für die eine oder andere Weinprobe zu haben.

Die Fahrt beginnt in Aix-en-Provence und führt auf der D 14 an der Entremont-Ausgrabungsstätte vorbei über Puyricard in Richtung *Le-Puy-Sainte-Réparade* zum *Château La Coste (Tel. 04 42 61 89 98, Mo–Sa 8–12 und 14–18 Uhr, www.chateaulacoste.com)*. Das Gut mit einem lauschigen Park wurde 1682 von Andrea Palladio gezeichnet. Die Familie Bordonado baut auf 160 ha sechs verschiedene Cuvées an.

Im Stil des italienischen Quattrocento präsentiert sich das *Château de Fonscolombe (Tel. 04 42 61 89 62, Mo–Sa 8–12 und 14–18 Uhr)* mit seinem Park an der D 13 von Le-Puy-Sainte-Réparade in Richtung Venelles. Es ist seit 1810 im Besitz der Familie des Marquis de Saporta, der die Weinbautradition seiner Ahnen auf 150 ha fortführt.

Für Weinkenner interessant ist nur wenige Hundert Meter weiter die äußerlich unscheinbare *Domaine Les Bastides* (Insider Tipp) *(Tel. 04 42 61 97 66, Mo–Sa 8–12 und 14–18 Uhr)*. Die Familie Salen setzt dort seit 1967 auf biologischen Anbau und bietet nur fünf verschiedene Weine an, die aber auf den Karten der Spitzenrestaurants vertreten sind.

Nun folgen Sie der D 13 weiter südwärts, bis Sie die Alpenautobahn A 51 überquert haben. Unweit eines römischen Aquädukts liegt *Château de La Gaude (route des Pinchinats, Tel. 04 42 21 64 19)*. Liebevoll restauriert werden der Labyrinthgarten, das Herrenhaus, die landwirtschaftlichen Gebäude und der Weinberg, die im 18. Jh. von Charles Albert Pisani neu angelegt wurden. Das Gut wird von Anne Beaufour und Michel Audibert betreut, Besichtigungen organisiert das Verkehrsamt in Aix.

Am zweiten Tag fahren Sie von Aix auf der A 51 bis zur Ausfahrt Meyrargues und weiter auf der N 96 und D 561 über Peyrolles nach *Jouques*. Im Westen des netten Dorfes zweigt von der D 561 ein Feldweg zum *Château Revelette* (Insider Tipp) *(Tel. 04 42 63 75 43, Mo–Sa 14–18 Uhr)* von Peter Fischer ab. Der Winzer aus Baden ist stolz darauf, dass seine Landweine im Dorf ausgeschenkt werden, aber er produziert auch Spitzenweine in Rot und Weiß.

Herrschaftlicher als Revelette ist das einstige Kultweingut der Siebzigerjahre, das *Château Vignelaure (Tel. 04 94 37 21 10, Mo–Fr 8.30 bis 13 und 13.30–18, Sa/So 10–18 Uhr)* wenig weiter in Richtung *Rians*. Seit 1995 betreut ein irisch-australisches Winzerehepaar die Reben und die Keller mit Spitzenkunstwerken.

Über Rians und die D 23 geht es dann nach *Puyloubier* auf die Südseite des Sainte-Victoire-Massivs. An der D 57 produziert der Deutsche Henning Hoesch seine teuren, aber hervorragenden Weine im Bioanbau auf einem Hof, der schon zu Römerzeiten existiert hat *(Domaine Richeaume, Tel. 04 42 66 31 27, geöffnet nach Vereinbarung)*. Damit stellt er sich in die Tradition der Familie Rougier, die – nun sind Sie schon auf der Rückfahrt nach Aix – unweit der N 7 zwischen Palette und Meyreuil seit Generationen in der Miniappellation Palette auf dem traumhaft schönen Gut *Château Simone (Tel. 04 42 66 92 58, geöffnet nach Vereinbarung)* kostbare Tropfen keltert.

Zwischen Himmel und Meer

Kletterwände in Schluchten und auf Felsnadeln, auf dem Pferd zwischen Flamingos und Reihern – es gibt (fast) nichts, was es nicht gibt

Reißende Flüsse wie der Verdon, die Berge mit schroffen Felsen, das Meer und seine Inseln, tiefe Schluchten und menschenleere Landschaften, Greens mit Blick auf blaues Wasser: Die Provence ist ein Paradies für alle denkbaren Sportarten und Freizeitaktivitäten. Es gibt nahezu nichts, was es nicht gibt. Amateure und Profis, Extremsportler und gemütliche Wanderer, Menschen, die Luxus lieben, und Menschen, die allein in der Natur glücklich sind – alle kommen auf ihre Kosten.

ANGELN

Allein im Département Vaucluse gibt es 400 Flusskilometer und 700 ha Seen, die für Angler freigegeben sind. Eine Angelerlaubnis, die für Touristen zwei Wochen lang gilt, gibt es für 22,50 Euro in Fischergeschäften. Auskunft: *Fédération de Vaucluse pour la Pêche et la Protection du Milieu Aquatique, 5, boulevard Champfleury, 84000 Avignon, Tel. 04 90 86 62 68, Fax 04 90 86 11 90*

Für Extremkletterer sind die Verdonschluchten das Maß aller Dinge

BIRDWATCHING

Wer Vögel in der Camargue beobachten will, muss ganz früh draußen sein. Nach 10 Uhr ist alles vorbei. Erst kurz vor Sonnenuntergang lassen sich die Flamingos, Enten und Reiher wieder blicken. Für Neulinge in der Camargue bietet der *Parc ornithologique du Pont-de-Gau (tgl. 9, Winter 10 Uhr–Sonnenuntergang, 5,20 Euro)* im Norden von Saintes-Maries-de-la-Mer den besten Einstieg.

GOLF

Erst in den Achtzigerjahren hat die Golferwelle die Provence erreicht. Inzwischen gibt es rund ein Dutzend Plätze, die das ganze Jahr über geöffnet haben. Die Palette reicht vom einzigen öffentlichen Golfplatz von *Miramas (Mas de Combe, Tel. 04 90 50 38 45)* über den schon 1935 gebauten, aber umstrukturierten *Golf Club Aix-Marseille (Domaine Riquetti, Les Milles, Tel. 04 42 24 20 41)* und die 1992 von Severiano Ballesteros entworfene Anlage *Pont Royal Golf Club (Mallemort, Tel. 04 90 57 40 79, www.pontroyalenprovence.com)* bis zum

Auch für Paddler ist der Verdon das attraktivste Ziel in der Provence

Golf de Servanes (Mouriès, Tel. 04 90 47 59 95, www.opengolfclub.com/gsv) in den Alpilles und dem *Golf de la Valdaine* in der Drôme Provençale *(Château du Monard, Montboucher-sur-Jabron, Tel. 04 75 00 71 33, www.domainedelavaldaine.com).*

KLETTERN

Für Extremkletterer in Europa sind die *Schluchten des Verdon* das Maß aller Dinge. Knapp tausend Strecken aller Schwierigkeitsgrade sind in den Kalkfelsen hoch über dem Fluss eingerichtet. Kultstatus hat die *Falaise de l'Escalès,* eine 300 m hohe, senkrechte Wand ohne einen einzigen Felsvorsprung zum Ausruhen. Für Anfänger wie für Fortgeschrittene bieten sich die Felsen in der *Sainte-Victoire* bei Aix, im Insider Tipp *Tal des Aiguebrun* bei Buoux im Lubéron, in den *Dentelles de Montmirail* und die Kletterwände zwischen Himmel und Meer in den *Calanques* an.

RADFAHREN

Für Fahrradfahrer ist der *Mont Ventoux,* der »Riese der Provence«, mit seiner kahlen, 1909 m hohen Kuppe natürlich die größte Herausforderung. Im Sommer strampeln jeden Tag Hunderte von Amateuren auf den Serpentinen zum Gipfel, vorbei am Denkmal für Tom Simpson, der, voll gepumpt mit Dopingmitteln, auf einer Tour-de-France-Etappe am Ventoux starb. Gemütlicher ist dagegen die auf 100 km Länge ausgeschilderte Insider Tipp *Radwanderstrecke im Lubéron* von Cavaillon nach Forcalquier oder ein 37 km langer *Rundkurs um Valréas* in der ehemaligen Papstenklave. Und topfeben präsentiert sich das dichte Netz kleiner und kleinster Sträßchen in der Camargue.

REITEN

Weiße Pferde im blauen Wasser neben rosa Flamingos – der Traum für alle Reiter ist die *Camargue,* das Sumpfland an der Rhônemündung. Aber Vorsicht: In den Sommerferien ist die Camargue zu überlaufen, und manchmal ist die erhoffte *promenade à cheval* nur ein kurzer Ritt auf einem lahmen Gaul rund um einen ausgetrockneten Teich. Eine Adresse mit Reitführer: *Prome-*

nades à cheval de la Fadaise, route d'Arles, Saintes-Maries-de-la-Mer, Tel. 04 90 97 86 79. Im Sattel lassen sich auch die *Drôme Provençale* und der *Lubéron* erobern. Ein deutschsprachiger Führer arbeitet für *Les Cavaliers du Lubéron (Le Vabre, Cucuron, Tel./Fax 04 90 77 22 19).*

SEGELN

Marseille ist spätestens seit der Milleniumtour »The Race« als Ziel für große Regatten ein Begriff. Im Département Bouches-du-Rhône gibt es rund 20 Häfen mit fast 13 000 Anlegeplätzen für Boote. Für Segeltouren ist Marseille beliebt vor allem wegen seiner Inseln wie *Frioul* (mit eigenem Hafen), des von Romancier Alexandre Dumas berühmt gemachten *Château d'If*, des Schlosses des Grafen von Monte Christo, aber auch wegen der *Leuchtturminsel Planier* und der Nähe zu den *Calanques*. Von dieser Nähe des Felsenparadieses profitieren auch die kleineren Häfen von *Cassis* und *La Ciotat*, die zusammen knapp 2500 Ankerplätze bieten.

TAUCHEN

Vor allem die Felsenküste um und die Inseln vor Marseille mit ihrem klaren Wasser bieten Tauchern optimale Bedingungen. In der Mittelmeermetropole gibt es ein Dutzend Tauchclubs, die mit ihren Booten Ziele wie die Frioulinseln oder das Riouarchipel in den Calanques ansteuern, z. B. *Marseille Côté Mer (1, quai Marcel Pagnol, Tel. 04 91 33 03 29).* Vor den Inseln liegen in einer auch für geübte Amateure erreichbaren Tiefe Schiffswracks, die zum Teil schon vor 2000 Jahren gesunken sind. In der La-Mugel-Bucht von La Ciotat ist sogar ein Unterwasserpark angelegt. Auskunft: *Fédération française d'études et de sports sous-marins, 24, quai de Rive-Neuve, Marseille, Tel. 04 91 33 99 31, www.ffessm.com*

WANDERN

Tiefe Täler, hohe Berge, karge Hochebenen und saftige Felder, weiße Felsen und blaues Meer: Die Provence wartet mit der ungeheuren Vielfalt ihrer Landschaften auf Menschen, die sie zu Fuß erobern wollen. Zu den Klassikern gehören die *Dentelles de Montmirail*, diese hoch aufgerichteten Kalksteinplatten, die Wind und Wetter ausgehöhlt, durchlöchert und zugespitzt haben. In Sichtweite liegt der letzte Schrei für Abenteuerwanderer: Im Juli und August organisieren die Verkehrsämter in *Malaucène (place de la Mairie, Tel. 04 90 65 22 59)* und *Bédoin (place du Marché, Tel. 04 90 65 63 95)* eine Nachtwanderung mit Biwak auf den Mont Ventoux. Insider Tipp Wunderschöne Wanderwege, zum Teil mit spektakulären Aussichten, erwarten Sie in den Bergmassiven von *Lubéron, Sainte-Baume, Sainte-Victoire* sowie in den *Calanques* von Marseille und auf den Felsen an der *Corniche des Crêtes* zwischen Cassis und La Ciotat. Achtung: Wegen Waldbrandgefahr können bei starkem Mistralwind im Sommer die Wanderwege geschlossen werden. Informationen über die großen Wanderwege wie den GR 4 oder den GR 9: *Fédération française de randonnée pédestre, 14, rue Riquet, 75019 Paris, Tel. 01 44 89 93 90, www.ffrp.asso.fr*

Wasserparks und Westerndörfer

Neben solchen klassischen Attraktionen lockt die Provence mit Badeseen, Krokodilen (nicht an gleicher Stelle!) und einer »Duftorgel«

Für Kinder ist das Mittelmeer eine einzige große Spielwiese. Abenteuerparks, zoologische Gärten und Museen machen die Ferien im Süden auch dann interessant, wenn es einmal regnen sollte. Nicht nur an der Küste, sondern auch im Hinterland richtet man sich auf die kleinen Kunden ein: Wassersport in Flüssen oder Seen macht dem Nachwuchs Spaß.

Generell ist Frankreich als Reiseziel für Touristen mit Kindern problemlos. In jedem Supermarkt gibt es alles Notwendige für den Nachwuchs: Windeln, spezielle Kindernahrung und Milchpulver. Wickeltische sind in fast jeder Autobahnraststätte eingerichtet.

DRÔME PROVENÇALE

La Ferme aux Crocodiles [110 A3]

Die Kleinstadt Pierrelatte auf halbem Weg zwischen Orange und Montélimar hat ihrem Atomkraftwerk an der Rhône die größte Krokodilfarm in Europa zu verdanken. Insider Tipp In einem 6500 m² großen tropischen Gewächshaus leben 350 Reptilien. *Les Blachettes, tgl. 9.30 bis 19, Winter bis 17 Uhr, 6,90 Euro, Kinder 4,60 Euro, www.laferme auxcrocodiles.com*

Tracht tragen auch die kleinen Provenzalen bei der Zigeunerwallfahrt im Mai in der Camargue

Maison des Arômes [111 E4]

Lavendel, Lindenblüten, Heilpflanzen und Kräuter unter einem Dach. Eine »Duftorgel« ermöglicht den Vergleich zwischen verschiedenen Kräutern. Insider Tipp *Buis-les-Baronnies, Juli bis Mitte Dez. tgl. 9–12 und 15–19 Uhr, 3,05 Euro, Kinder 1,55 Euro*

Musée de la Miniature [110 A–B 1–2]

In diesem Museum in Montélimar ist alles in Miniatur, Häuser, Spielzeug, Eisenbahnen etc. – angefertigt von Spezialisten für Miniobjekte aus der ganzen Welt. *19, rue Pierre Julien, Juli/Aug. tgl. 10–18, Sept.–Juni 14–18 Uhr, 4,60 Euro, Kinder 3,10 Euro*

Village Provençal en Miniature [110 C3]

Ein provenzalisches Dorf in Miniaturausgabe mit 80 Häusern und mehr als 1000 Figuren und Tieren. Mit Licht-und-Ton-Schau. *La Petite Tuillère, Grignan, Mitte Juli–Aug.*

tgl. 10–19, Sept.–Mitte Juli Mi–Mo 10–12 und 14–18 Uhr, 4,30 Euro, Kinder 2,75 Euro

VAUCLUSE

Badeseen

Die schönsten Seen im Vaucluse sind der *Étang de la Bonde* **[115 D4]** bei Cabrières d'Aigues, der *Lac du Paty* **[114 A1]** bei Caromb (mit einer Imbissbude ab April), der *Plan d'eau des Salettes* **[114 B1]** bei Mormoiron mit Blick auf den Mont Ventoux und *Prato Plage* **[114 A2]** in Pernes-les-Fontaines.

Cirque National Alexis Gruss **[110 B5]**

Jedes Jahr schlägt der Zirkus Alexis Gruss im Dorf Piolenc unweit von Orange sein Sommerquartier auf. In einem großen Park mit Reitwegen, Spiel- und Picknickplätzen gibt es Einblicke in das Leben einer Zirkusfamilie. *N 7, Piolenc, April–Sept. Di bis So 10–18 Uhr, Vorstellungen Sa/So 17 Uhr, Juli/Aug. Sa 21.30, So 17 Uhr*

Sentier des Ocres **[114 C3]**

Weiße Turnschuhe sind nicht empfehlenswert für einen Spaziergang auf dem Ockerlehrpfad in Roussillon, der bei Regen verständlicherweise geschlossen wird. Die Farbenpracht in einer Westernlandschaft begeistert auch Kinder. *Roussillon, Ausgangspunkt am Friedhof gegenüber der Place Pasquier, Pfingsten–Allerheiligen 2 Euro, sonst gratis*

BOUCHES-DU-RHÔNE

Indian Forest **[121 D2]**

Abenteuerwaldspielplatz in Bouc-Bel-Air in der Nähe von Aix und Marseille: 130 verschiedene Übungen von Klettersteigen, Abseilen und Schwebebalken, natürlich mit allen Sicherheitsvorkehrungen wie Beckengurt, Sturzhelm und Handschuhen. Dazu ein Skatepark sowie Picknick- und Spielplätze. *Parc de la Forme Decathlon, Les Petites Bastides, Bouc-Bel-Air, Sommer tgl., Winter Mi, Sa, So 10–18 Uhr, 15 Euro, Kinder von 9 bis 12 Jahren 10 Euro, von 5 bis 8 Jahren 9 Euro*

Die Ockerbrüche bei Roussillon sorgen für Wild-West-Feeling

Ok Corral **[121 F4]**
Dieses Westerndorf mit Indianerzelten und vielen Spielmöglichkeiten finden Sie unweit der Rennstrecke von Le Castellet im Süden des Sainte-Baume-Massivs an der N 8. *Cuges-les-Pins, Mitte März–Mitte Nov. tgl. 10–18 Uhr, 12 Euro*

Parc ornithologique du Pont de Gau **[118 B5]**
Lehrpfad und Dokumentationszentrum im Vogelparadies der Camargue. Auf 1 ha sind große Volieren mit den scheuen Vögeln mitten in die Natur hineingebaut. Mehrere Kilometer ausgeschilderte Spazierwege ermöglichen die Beobachtung der Tiere in freier Natur. *N 570, April–Okt. tgl. 9, Winter 10 Uhr bis Sonnenuntergang, 5,20 Euro, Kinder 2,70 Euro*

Le Village des Automates **[114 C6]**
In einem Park an der N 7 unter Kiefern 500 zum Teil übergroße, bewegliche Puppen zu Themen wie Gulliver, Schneewittchen oder Figuren aus anderen Märchen. *Saint-Cannat, Sommer tgl., Winter Mi, Sa, So 10–18 Uhr, 7 Euro, Kinder 3,75 Euro*

Zoo de la Barben **[114 B6]**
Über 600 Tiere – Affen, Giraffen, Tiger, Elefanten, Raubvögel und viele mehr – leben in diesem großen Park rund um das Château de la Barben, ein Lustschloss aus dem 17. Jh. Im ehemaligen Schafstall ist heute ein Vivarium mit Reptilien und Fischen untergebracht *(Schlossführung Mi–Mo 10–12 und 14–18 Uhr, 6 Euro). D 572 zwischen Salon und Saint-Cannat, tgl. 10–18 Uhr, 8 Euro, Kinder 3,75 Euro, www.zoolabarben.com*

MARSEILLE

Aquacity **[120 C3]**
5 ha Wasserspiele mit Riesenrutschen und einem Dutzend verschiedener Themenbecken. *Route de Plan-de-Campagne, Septèmes-les-Vallons, Juni und Sept. tgl. 10 bis 18, Juli/Aug. 10–19 Uhr, 8 Euro, Kinder 5 Euro*

Catamaran Citharista **[121 D–E 5–6]**
Der Boden des Katamarans ist aus Plexiglas. Das macht die Ausflüge auf dem Wasser noch interessanter. Das Schiff fährt eine kleine Tour zu den Calanques von La Ciotat und zur kleinen Île Verte *(April–Okt. tgl. 10.30, Juli/Aug. 14 Uhr, 9,15 Euro)* oder die große Tour zur Calanque von Morgiou bei Marseille *(April bis Okt. tgl. 15.30, Juli/Aug. 10.30 und 15.30 Uhr, 16,80 Euro). Quai Ganteaume, Vieux Port, La Ciotat*

El Dorado City **[120 B3–4]**
Vier Themendörfer machen aus dem Gelände in den Felsen 3 km vom Meer ein Stück Westernlandschaft. Mit pädagogischem Anspruch, aber auch mit vielerlei Spielmöglichkeiten. *Ensuès-la-Redonne, Juni–Aug. tgl., Mitte März–Mai und Sept. bis Mitte Nov. Mi, Sa, So 10–19 Uhr, 10 Euro, Kinder 8 Euro*

La Pyramide **[120 A2]**
Spiel- und Spaßbad im Westen des Étang de Berre mit Riesenrutschen, Wellenbad, Wasserkanonen und tropischer Lagune. *Route de l'Équerre, place Champollion, Istres, tgl. 10 bis 21 Uhr, 10,50 Euro, tropische Lagune 5,50 Euro, Kinder von 4 bis 15 Jahren 3,70 Euro, Kinder bis 4 Jahre gratis*

Angesagt!

Was Sie wissen sollten über Trends, die Szene und Kuriositäten in der Provence

Hip-Hop aus Marseille

Bands wie IAM oder Massilia Sound System verleugnen ihre Wurzeln nicht: Ihre Mitglieder kommen aus dem Schmelztiegel Marseille, ihre Musik hat arabische, nordafrikanische oder spanische Einflüsse, ihre Texte spielen oft auf den Fußballclub Olympique Marseille an. Philippe Fragione, der

sich Akhénaton nennt, ist heute der wichtigste Vertreter des Hip-Hop in Frankreich.

Mode und Design

Paris ist nicht mehr der Nabel der Welt in der französischen Modeszene. Von Indien und Afrika lässt sich *Madame Zaza de Marseille (73, cours Julien)* für ihre Kollektionen inspirieren, die längst über die Grenzen der Provence hinaus gefragt sind. Nicht nur auf Mode beschränken sich Pascal Sannac und Dominique Durand, die unter dem Namen *Make (3, rue Haxo, Marseille)* exklusive und verrückte Kleider und Objekte verkaufen. Zu den großen Couturiers in Frankreich zählt seit Jahren Christian Lacroix aus Arles, der im Jahr 2000 die europäische Kulturhauptstadt Avignon dekorierte und einen TGV-Hochgeschwindigkeitszug bunt designte.

Abtanzen in Aix

Aix-en-Provence ist mit seinen Kinos, Cafés und Restaurants *die* Stadt zum Ausgehen in der Provence. Die Universität mit ihren über 30 000 Studenten sorgt für regelmäßigen Nachwuchs in den Clubs und Diskotheken, die wie *Le Damier (avenue des Infirmeries,* Techno), *Le Mistral (3, rue Frédéric Mistral,* klassische Diskomusik) oder *Le Richelm (24, rue de la Verrerie,* aktuelle Diskomusik) seit Jahren mit der Szene mitgehen.

Roller und Skateboard

Vor ein paar Jahren waren es erst eine Hand voll, jetzt brettern regelmäßig gut 1000 Roller und Skater jeden Freitagabend durch Marseille. Vom Alten Hafen bis zum Prado-Strand gehts gut 20 km durch die Stadt. Am Strand gegenüber von der Pferderennbahn, in der *Escale Borély,* treffen sich die Skater vor allem am Wochenende. Dort ist eine technisch schwierige Halfpipe angelegt, für Kenner eine der besten Anlagen in ganz Frankreich. *Marseille en rollers, Tel. 06 61 79 87 47*

Von Anreise bis Zoll

Hier finden Sie kurz gefasst die wichtigsten Adressen und Informationen für Ihre Provencereise

ANREISE

Auto

Von Deutschland aus erreicht man die Provence am schnellsten über die A 36, A 39, A 42, A 46 und A 7 (Mulhouse–Besançon–Bourg-en-Bresse–Ostumfahrung Lyon–Valence) oder durch die Schweiz über Zürich–Lausanne–Genf–Lyon. Empfehlenswert, aber teuer sind Autoreisezüge, die von fünf deutschen Städten aus einmal wöchentlich nach Avignon fahren.

Bahn

Der TGV (Train à Grande Vitesse) braucht auf der 2001 eröffneten Trasse von Paris nach Marseille nur drei Stunden, bis Avignon rund 2,5 Stunden. Man kann in Lyon, Montélimar oder Orange zusteigen. Der TGV fährt auch auf der Strecke Grenoble–Lyon. *www.sncf.fr*

Flugzeug

Internationale Flugplätze gibt es in Lyon, Nizza, Montpellier und in Marignane zwischen Marseille und Aix *(www.aeroport.marseille.fr)*.

AUSKUNFT

Französisches Fremdenverkehrsamt (Maison de la France)

– Westendstr. 47, 60325 Frankfurt, Tel. 0190/57 00 25, Fax 59 90 61
– Argentinierstr. 41 a, 1040 Wien, Tel. 01/503 28 90, Fax 503 28 71
– Rennweg 42, 8023 Zürich, Tel. 09 00 90 06 99, Fax 01/217 46 17

Comité Régional du Tourisme Provence-Alpes-Côte d'Azur

Les Docks, Atrium 10.5, 10, place de la Joliette, BP 46214, 13567 Marseille Cedex 02, Tel. 04 91 56 47 00, Fax 04 91 56 47 01, www.crt-paca.fr

Comité Touristique de la Drôme Provençale

Mairie, BP 195, 26702 Pierrelatte, Tel. 04 75 98 93 38, Fax 04 75 04 03 31, www.dromeprovencale.org

Comité Départemental du Tourisme du Vaucluse

12, rue du Collège-de-la-Croix, 84008 Avignon Cedex 1, Tel. 04 90 80 47 00, Fax 04 90 86 86 08, www.provenceguide.com

Comité Départemental du Tourisme des Bouches-du-Rhône

13, rue Roux-de-Brignoles, 13006 Marseille, Tel. 04 91 13 84 13, Fax 04 91 33 01 82, www.visitprovence.com

Comité Départemental du Tourisme des Alpes-de-Haute-Provence

19, rue du Docteur Honnorat, BP 170, 04005 Digne-les-Bains, Tel.

04 92 31 57 29, Fax 04 92 32 24 94, www.alpes-haute-provence.com

AUTO

Höchstgeschwindigkeit: Autobahn 130, bei Regen 110 km/h, National- und Départementsstraßen (N, D) 90, bei Regen 80 km/h, in Ortschaften 50 km/h. Promillegrenze: 0,5. Autobahnfahren kostet Gebühr. Pannenhilfe: Abschleppen *(dépanneur-remorqueur)* wird von der Polizei vermittelt, Notrufsäule oder Rufnummer *17*. Unbedingt die grüne Versicherungskarte mitnehmen.

BANKEN & KREDITKARTEN

Öffnungszeiten vorwiegend Mo–Fr 8.30–12 und 14–17 Uhr. Geldautomaten findet man fast überall. Kreditkarten – in erster Linie Eurocard und Visa – werden nicht nur in großen Hotels und Restaurants, sondern in vielen Geschäften, Supermärkten, Tankstellen sowie an den Autobahnzahlstellen angenommen.

DIPLOMATISCHE VERTRETUNG

Deutsches Konsulat
338, avenue du Prado, Marseille, Tel. 04 91 16 75 20

Österreichisches Konsulat
27, cours Pierre-Puget, Marseille, Tel. 04 91 53 02 08

Schweizer Konsulat
7, rue d'Arcole, Marseille, Tel. 04 96 10 14 10

GESUNDHEIT

Deutsche und österreichische Versicherte können die französische

Krankenversicherung in Anspruch nehmen. Sie müssen zunächst für medizinische Hilfe bezahlen, bekommen Auslagen aber nach den Gesetzen des Heimatlandes erstattet.

INTERNET

Die Maison de la France *(www.franceguide.com)* präsentiert Informationen auch in deutscher Sprache. Sehr nützlich für Touristen sind die Seiten des Comité Régional du Tourisme in Marseille *(www.crt-paca.fr)* und der einzelnen Départements (s. Auskunft). Täglich aktualisiert wird die deutschsprachige Seite *www.frankreich-info.de* mit Nachrichten, Tipps und kommentierten Links.

INTERNETCAFÉS

In allen großen Städten, inzwischen auch in vielen Orten des Hinterlandes gibt es Internetcafés. Zu den ältesten Cafés gehört *Hublot (17, rue Paul-Bert)* in *Aix-en-Provence*, zu den größten *Web-Bar (114, rue de la République, www.webbar.fr)* in *Marseille*. Listen finden Sie auf *www.netcafeguide.com* und *http://cybercafe.com*.

NOTRUF

Polizei *(Police Secours) Tel. 17*
Krankenwagen *Tel. 15*
Feuerwehr *(pompiers) Tel. 18*

ÖFFNUNGSZEITEN

Besichtigungszeiten für Sehenswürdigkeiten und Museen werden häufig geändert. Wählen Sie zur Sicherheit die mittleren Stunden unserer Zeitangaben. Auch die meisten Restaurants haben einen Ruhetag pro Woche, und nicht alle Hotels sind ganzjährig geöffnet.

Was kostet wie viel?

Kaffee	**2,30 Euro** für eine große Tasse *café crème*
Snack	**2,20 Euro** für ein Käsesandwich
Wein	**2–4,50 Euro** für eine Karaffe (0,25 l)
Wasser	**2,80 Euro** für 0,75 l Mineralwasser
Benzin	**1,10–1,20 Euro** für 1 l Super bleifrei
Fahrrad	**9–15 Euro** für ein Mietrad pro Tag

PRIVATUNTERKUNFT

Vor allem in den Alpilles oder im Lubéron, aber grundsätzlich in der ganzen Provence eine Alternative zu Hotels. Adressen bei den lokalen Verkehrsämtern und bei *Maison des Gîtes de France, 59, rue Saint-Lazare, 75009 Paris, Tel. 01 49 70 75 75, Fax 01 49 70 75 76, www.gites-de-france.fr.*

REISEZEIT

Beste Reisezeit: Mai, Juni, September, Oktober, an der Küste auch im Januar und Februar.

TELEFON & HANDY

Fast alle Zellen sind auf Telefonkarten umgestellt, die es in Postämtern und Tabakläden gibt. Rechnen Sie für Ferngespräche nach Deutschland tagsüber mit rund 70 Cent pro Minute.

Vorwahlen von Frankreich nach Deutschland 0049, nach Österreich 0043 und in die Schweiz 0041. Nach Frankreich wählt man 0033, dann direkt die Teilnehmernummer, jedoch ohne die Null am Anfang.

Für Handybenutzer gibt es drei große Anbieter, Cegetel *(www.sfr.fr)*, Orange und Bouygues *(www.bouyguestelecom.fr)*, die das ganze Land mit einem dichten Netz überzogen haben. Aber Vorsicht: In den Bergen gibt es oft Funklöcher. Für Gespräche innerhalb Frankreichs kann es sich lohnen, eine Karte dieser Anbieter zu kaufen. Ansonsten bleibt mobiles Telefonieren im Ausland teuer, Handybesitzer zahlen auch, wenn sie in Frankreich von zu Hause angerufen werden.

TRINKGELD

Sie können in Frankreich dasselbe Trinkgeld *(pourboire)* geben wie zu Hause – vorausgesetzt, Sie waren zufrieden. Wichtig zu wissen ist, dass Platzanweiserinnen im Kino oder im Theater immer ein Trinkgeld erwarten (ca. 1 Euro).

ZOLL

Innerhalb der EU dürfen Waren für den persönlichen Bedarf frei ein- und ausgeführt werden. Richtmengen hierfür sind u. a. 90 l Wein, 800 Zigaretten, 10 l Spirituosen. Für Schweizer gelten erheblich engere Freimengen, u. a. 200 Zigaretten, 2 l Wein.

Wetter in Marseille

	Jan.	Feb.	März	April	Mai	Juni	Juli	Aug.	Sept.	Okt.	Nov.	Dez.
Tagestemperaturen in °C	10	12	15	18	22	26	29	28	25	20	15	11
Nachttemperaturen in °C	2	2	5	8	11	15	17	17	15	10	6	3
Sonnenschein Std./Tag	4	5	6	8	10	10	12	10	8	6	5	4
Niederschlag Tage/Monat	7	7	6	5	6	4	2	3	4	5	4	5
Wassertemperaturen in °C	12	12	13	13	15	18	21	21	20	18	16	14

Tu parles français?

»Sprichst du Französisch?«
Dieser Sprachführer hilft Ihnen, die wichtigsten Wörter und Sätze auf Französisch zu sagen

Zur Erleichterung der Aussprache sind alle französischen Wörter mit einer einfachen Aussprache (in eckigen Klammern) versehen.

AUF EINEN BLICK

Ja./Nein.	Oui. [ui]/Non. [nong]
Vielleicht.	Peut-être. [pöhtätr]
Bitte.	S'il vous plaît. [sil wu plä]
Danke.	Merci. [märsi]
Gern geschehen.	De rien. [dö rjäng]
Entschuldigen Sie!	Excusez-moi! [äksküseh mua]
Wie bitte?	Comment? [kommang]
Ich verstehe Sie/dich nicht.	Je ne comprends pas. [schön kongprang pa]
Ich spreche nur wenig Französisch.	Je parle un tout petit peu français. [schparl äng tu pti pöh frangsä]
Können Sie mir bitte helfen?	Vous pouvez m'aider, s.v.p.? [wu puweh mehdeh sil wu plä]
Sprechen Sie Deutsch/Englisch?	Vous parlez allemand/anglais? [wu parleh almang/anglä]
Ich möchte ...	J'aimerais ... [schämrä]
Das gefällt mir nicht.	Ça ne me plaît pas. [san mö plä pa]
Haben Sie ...?	Vous avez ...? [wus‿aweh]
Wie viel kostet es?	Combien ça coûte? [kongbjäng sa kut]
Wie viel Uhr ist es?	Quelle heure est-il? [käl‿ör ät‿il]

KENNENLERNEN

Guten Morgen/Tag!	Bonjour! [bongschur]
Guten Abend!	Bonsoir! [bongsuar]
Hallo!/Grüß dich!	Salut! [salü]
Wie ist Ihr Name, bitte?	Comment vous appelez-vous? [kommang wus‿apleh wu]
Wie heißt du?	Comment tu t'appelles? [kommang tü tapäl]

Wie geht es Ihnen/dir?	Comment allez-vous/vas-tu? [kommangt‿aleh wu/wa tü]
Danke. Und Ihnen/dir?	Bien, merci. Et vous-même/toi? [bjäng märsi. eh wu mäm/tua]
Auf Wiedersehen!	Au revoir! [oh röwuar]
Tschüss!	Salut! [salü]

UNTERWEGS

Auskunft

links/rechts	à gauche [a gohsch]/à droite [a druat]
geradeaus	tout droit [tu drua]
nah/weit	près [prä]/loin [luäng]
Bitte, wo ist …?	Pardon, où se trouve …, s.v.p.? [pardong, us truw … sil wu plä]
Wie weit ist das?	C'est à combien de kilomètres d'ici? [sät‿a kongbjängd kilomätrö disi]

Panne

Ich habe eine Panne.	Je suis en panne. [schö süis‿ang pan]
Würden Sie mir bitte einen Abschleppwagen schicken?	Est-ce que vous pouvez m'envoyer une dépanneuse, s.v.p.? [äs‿kö wu puweh mangwuajeh ün deh panöhs sil wu plä]
Gibt es hier in der Nähe eine Werkstatt?	Est-ce qu'il y a un garage près d'ici? [äs‿kil‿ja äng garasch prä disi]
… ist defekt.	… est défectueux. [ä dehfäktüöh]

Tankstelle

Wo ist bitte die nächste Tankstelle?	Pardon, Mme/Mlle/M., où est la station-service la plus proche, s.v.p.? [pardong madam/madmuasäl/mösjöh u ä la stasjong särwis la plü prosch sil wu plä]
Ich möchte … Liter.	… litres, s'il vous plaît. [litrö sil wu plä]
Super.	Du super. [dü süpär]
Diesel.	Du gas-oil. [dü gasual]
bleifrei/mit … Oktan.	Du sans-plomb/… octanes. [dü sang plong/ … oktan]
Voll tanken, bitte.	Le plein, s.v.p. [lö pläng sil wu plä]

Unfall

Hilfe!	Au secours! [oh skur]
Achtung!	Attention! [atangsjong]
Rufen Sie bitte schnell …	Appelez vite … [apleh wit]
… einen Krankenwagen.	… une ambulance. [ün‿angbülangs]
… die Polizei.	… la police. [la polis]
… die Feuerwehr.	… les pompiers. [leh pongpjeh]

Es war meine Schuld.	C'est moi qui suis en tort. [sä mua ki süis‿ang torr]
Es war Ihre Schuld.	C'est vous qui êtes en tort. [sä wu ki äts‿ang torr]
Geben Sie mir bitte Ihren Namen und Ihre Anschrift!	Vous pouvez me donner votre nom et votre adresse? [wu puweh mö donneh wottrö nong eh wottr‿adräs]

ESSEN/UNTERHALTUNG

Wo gibt es hier …	Vous pourriez m'indiquer… [wu purjeh mängdikeh]
… ein gutes Restaurant?	… un bon restaurant? [äng bong rästorang]
… ein nicht zu teures Restaurant?	… un restaurant pas trop cher? [äng rästorang pa troh schär]
Reservieren Sie uns bitte für heute Abend einen Tisch für vier Personen.	Je voudrais réserver une table pour ce soir, pour quatre personnes. [schwudrä räsehrweh ün tablö pur sö suar pur kat pärsonn]
Wo sind bitte die Toiletten?	Où sont les W.-C., s.v.p.? [u song leh wehseh sil wu plä]
Auf Ihr Wohl!	A votre santé!/A la vôtre! [a wottr sangteh/a la wohtr]
Bezahlen, bitte.	L'addition, s.v.p. [ladisjong sil wu plä]

ÜBERNACHTEN

Können Sie mir bitte … empfehlen?	Pardon, Mme/Mlle/M., vous pourriez recommander … [pardong madam/madmuasäl/mösjöh wu purjeh rökommangdeh]
… ein gutes Hotel …	… un bon hôtel? [äng bonn‿ohtäl]
Haben Sie noch …	Est-ce que vous avez encore … [äs‿kö wus‿aweh angkorr]
… ein Einzelzimmer?	… une chambre pour une personne? [ün schangbr pur ün pärsonn]
… ein Zweibettzimmer?	… une chambre pour deux personnes? [ün schangbr pur döh pärsonn]
… mit Bad?	… avec salle de bains? [awäk sal dö bäng]
… für eine Nacht?	… pour une nuit? [pür ün nüi]
Was kostet das Zimmer mit …	Quel est le prix de la chambre, … [käl‿ä lö prid la schangbr]
… Frühstück?	… petit déjeuner compris? [pti dehschöneh kongpri]

PRAKTISCHE INFORMATIONEN

Arzt

Können Sie mir einen guten Arzt empfehlen?	Vous pourriez recommander un bon médecin, s.v.p.? [wu purjeh rökommangdeh äng bong mehdsäng sil wu plä]
Ich habe hier Schmerzen.	J'ai mal ici. [scheh mal isi]

Bank

Wo ist hier bitte …	Pardon, je cherche … [pardong schö schärsch]
… eine Bank?	… une banque. [ün bangk]
Ich möchte... Schweizer Franken in Euro wechseln.	Je voudrais changer … francs suisses en euro. [schwudrä schangscheh … frang süis ang öroh]

Post

Was kostet …	Quel est le tarif pour affranchir … [käl‿ä lö tarif pur afrangschir]
… eine Postkarte …	… des cartes postales … [deh kart postal]
… nach Deutschland?	… pour l'Allemagne? [pur lalmanj]

ZAHLEN

0	zéro [sehroh]	20	vingt [wäng]
1	un, une [äng, ühn]	21	vingt et un, une [wängt‿eh äng, ühn]
2	deux [döh]	22	vingt-deux [wängt döh]
3	trois [trua]	30	trente [trangt]
4	quatre [katr]	40	quarante [karangt]
5	cinq [sängk]	50	cinquante [sängkangt]
6	six [sis]	60	soixante [suasangt]
7	sept [sät]	70	soixante-dix [suasangt dis]
8	huit [üit]	80	quatre-vingt [katrö wäng]
9	neuf [nöf]	90	quatre-vingt-dix [katrö wäng dis]
10	dix [dis]	100	cent [sang]
11	onze [ongs]	200	deux cents [döh sang]
12	douze [dus]	1000	mille [mil]
13	treize [träs]	2000	deux mille [döh mil]
14	quatorze [kators]	10000	dix mille [di mil]
15	quinze [kängs]		
16	seize [säs]	1/2	un demi [äng dmi]
17	dix-sept [disät]	1/4	un quart [äng kar]
18	dix-huit [disüit]		
19	dix-neuf [disnöf]		

Reiseatlas Provence

Die Seiteneinteilung für den Reiseatlas finden Sie auf dem hinteren Umschlag dieses Reiseführers

Mit freundlicher Unterstützung von

Kartenlegende Reiseatlas

le Mans-Est 4	Autobahn mit Anschlussstelle Motorway with junction
Datum, Date	Autobahn in Bau Motorway under construction
Datum, Date	Autobahn in Planung Motorway projected
R	Raststätte mit Übernachtungsmöglichkeit Roadside restaurant and hotel
R	Raststätte ohne Übernachtungsmöglichkeit Roadside restaurant
E	Erfrischungsstelle, Kiosk Snackbar, kiosk
T A	Tankstelle, Autohof Filling-station, Truckstop
	Autobahnähnliche Schnellstraße mit Anschlussstelle Dual carriage-way with motorway characteristics with junction
	Straße mit zwei getrennten Fahrbahnen Dual carriage-way
	Durchgangsstraße Thoroughfare
	Wichtige Hauptstraße Important main road
	Hauptstraße Main road
	Sonstige Straße Other road
	Fernverkehrsbahn Main line railway
	Bergbahn Mountain railway
	Autotransport per Bahn Transport of cars by railway
	Autofähre Car ferry
	Schifffahrtslinie Shipping route
	Landschaftlich besonders schöne Strecke Route with beautiful scenery
Routes des Crêtes	Touristenstraße Tourist route
	Straße gegen Gebühr befahrbar Toll road
	Straße für Kraftfahrzeuge gesperrt Road closed to motor traffic
	Zeitlich geregelter Verkehr Temporal regulated traffic
15%	Bedeutende Steigungen Important gradients

	Kultur **Culture**
★★ **PARIS** ★★ *la Alhambra*	Eine Reise wert Worth a journey
★ **TRENTO** ★ *Comburg*	Lohnt einen Umweg Worth a detour
	Landschaft **Landscape**
★★ **Rodos** ★★ *Fingal's cave*	Eine Reise wert Worth a journey
★ **Korab** ★ *Jaskinia raj*	Lohnt einen Umweg Worth a detour
	Besonders schöner Ausblick Important panoramic view
	Ausflüge & Touren **Excursions & tours**
	Nationalpark, Naturpark National park, nature park
	Sperrgebiet Prohibited area
4807	Bergspitze mit Höhenangabe in Metern Mountain summit with height in metres
(630)	Ortshöhe Elevation
	Kirche Church
	Kirchenruine Church ruin
	Kloster Monastery
	Klosterruine Monastery ruin
	Schloss, Burg Palace, castle
	Schloss-, Burgruine Palace ruin, castle ruin
	Denkmal Monument
	Wasserfall Waterfall
	Höhle Cave
	Ruinenstätte Ruins
	Sonstiges Objekt Other object
	Jugendherberge Youth hostel
	Badestrand · Surfen Bathing beach · Surfing
	Tauchen · Fischen Diving · Fishing
	Verkehrsflughafen Airport
	Regionalflughafen · Flugplatz Regional airport · Airfield

A
B
C
1
2
3
4
5
6
S.t Vincent-de-Barrès
le Logis-Neuf
la Coucourde
Condillac
MARSANNE
Roynac
le Péage
St.-Martin-sur-Lavezon
Centrale nucléaire
Derbières
Puy-S.t Martin
Soyans
S.t Martin l'Inférieur
Cléon-d'Andran
Sceautres
Meysse
Sauzet
la Laupie
Manas
Savasse
Église romane
Bonlieu-sur-Roubion
Aubignas
l'Homme-d'Armes
S.t Marcel-lès-Sauzet
Roubion
Charols
Ancone
ROCHEMAURE
MONTÉLIMAR
S.t Gervais-sur-Roubion
le Planas
Joviac
Montboucher-sur-Jabron
la Bâtie-Rolland
Salettes
la Roche
le Teil
Église romane
Mélas
Couvent de Trappistines
Lalo
Puygiron
Jabron
la Bégude-de-Mazenc
Souspierre
Escoutay
Rhône
Portes-en-Valdaine
le Poët-Laval
Chambaud
S.t Thomé
Espeluche
la Touche
S.t Alban
Montélimar
Allan
le Colombier
Aleyrac
Mont Rachas
898
Prieuré
Malataverne
Pont romain
Église romane
Bayne
VIVIERS
Châteauneuf
Montélimar-Sud
Montjoyer
689
Monastère de Trappe d'Aiguebelle
le Fraysse
Gorge de la S.te Baume
DONZÈRE
Église romane
Autoroute du Soleil
Réauville
Salles-sous-Bois
Taulignan
S.t Montan
Roussas
Bayonne
S.t André-de-Mitroys
Conche
les Granges-Gontardes
Valaurie
GRIGNAN
la Clarté
N.D. de Cousignac
Charneve
Chapelle du Val-des-Nymphes
Berre
Grotte de Rochecourbière
la Garde-Adhémar
Chamaret
Grillon
Enceinte
Rieussec
Roche Colombe
Chantemerle-lès-Grignan
Beffroi
Colonzelle
PIERRELATTE
BOURG-S.T ANDÉOL
Église romane
les Barquets
Église romane
VALR
Église romane
Clansayes
Romanin
Montségur-sur-Lauzon
Margerie
Coronne
S.T PAUL-Trois-Châteaux
Cathédrale romane
Faveyrolles
S.t Juste
Église
Solérieux
Richerenches
Vinsas
S.t Sépulcre
la Baume-de-Transit
S.t Marcel-d'Ardèche
les Blaches
Usine atomique
le Colombier
S.t Restitut
Église romane
Cité de l'Usine
la Borie
Visan
Chabrières
S.t Turquoit
S.t Just
Lapalud
Bollène
S.t Ferréol
Bouchet
S.t Maurice-sur-Eygues
07 Ardèche
les Barrinques
Gourdon
Tulette
Givaudan
Suze-la-Rousse
26 Drôme
Buisson
Plan Julièras
BOLLÈNE
Pont antique
S.t Paulet-de-Caisson
PONT-S.T ESPRIT
Derboux
S.t Roman-de-
84 Vaucluse
T.G.V.
Rochegude
Galifet
Roaix
Carsan
Mondragon
S.te Cécile-les-Vignes
Alexandre
Massillan
les Farjons
Cairanne
Rasteau
Uchaux
Lagarde-Paréol
Mornas-les-Adrets
Route de la vie Romaine
Mornas
la Galle
Séguret
les Cellettes
Vénéjan
S.t Estève
Aigues
S.t Nazaire
la Courançonne
S.t Etienne-des-Sorts
Mornas-Village
Aigueville
Sérignan-du-Comtat
Travaillan
S.t André
Piolenc
BAGNOLS-sur-Cèze
Violès
Chusclan
Orange-N.
Camaret-sur-Aigues
Gigondas
Marcoule (Usine Atomique)
Arc de Triomphe
Malijay
Ouvèze
Orsan
Codolet
Martignan
ORANGE
Vacqueyras
Orange-Centre
Théâtre Antique
Causans
les Roques
Jonquières
Pavane
Laudun
Caderousse
Église romane
Orange-Sud
les Sablons
S.t Paulet
BEAU
l'Ardoise
Enceinte
Courthézon

113

D
E
F
1
2
3
4
5
6
Saou
Lastic
Vèbre
Roche Courbe
1513
1202
la Chaudière
(1047)
1010
Pennes-le-Sec
Jansac
Montlaur -en-Diois
Aucelon
1293
LUC-en-Diois
Poyols
Salles
Mornans
Francillon - sur-Roubion
1544
Montagne de Couspeau
1516
Pradèlle
Rochefourchat
les Raynauds
la Servelle
1613
Brette
le Monestier
le Poët-Célard
Bézaudun - sur-Bine
BOURDEAUX
Roubion
Félines
Truinas
les Tonils
1482
S.t Nazaire - le-Désert
Jonchères
1344
S.t Maurice
971
Serre Gros
Volvent
Comps
Crupies
1117
Orcinas
Gorges
les Roustans
Bellegarde - en-Diois
Roanne
1128
Faucon
DIEULEFIT
(386)
Beau- Vallon
Vesc
1106
Guisand
Bouvières
1144
Chamauche
Rif
1400
Establet
Chalancon
Gumiane -Haut
Montagne d' Angèle
Arnayon
la Motte
Rottier
le Moulin
Montjoux
la Paillette
1451
1606
Berlières
Béconne
Roche- S.t Secret- Béconne
Mgne. de
1259
Chaudebonne
l'Estellon
1092
Oule
la Lance
le Moulin
Valouse
les Chaudrons
Léoux
Cornillon -sur-l'Oule
Donjon de Blacon
Teyssières
Villeperdrix
Cornillac
le Célas
Abbaye de Bodon
Tamizat
Montagne de Rator
1473
1096
le Monestier
St. May
le Pègue
N. D. de Beauvoir
S.t Ferréol- Trente-Pas
Cougoir
Sahune
RÉMUZAT
(459)
Raton
Rousset -les-Vignes
1214
S.t Pons
les Cognets
Eygues
Montréal- les-Sources
Chatusse
Novézan
la Combe- de-Sauve
Bentrix
le Chambon
Font-de-Barral
Condorcet
Curnier
1269
Verclause
Venterol
la Bonté
Arpavon
le Poët -Sigillat
Pelonne
Aubres
les Pilles
1317
Chalabrus
Montferrand- la- Fare
S.t Pierre
Baronnies
Pont
NYONS
les Latards
Montaulieu
978
S.te Jalle
Bellecombe
Lemps
Châteauneuf - de-Bordette
Rochebrune
S.t Sauveur- Gouvernet
Vinsobres
la Bíove
les Estangs
S.t Quenin
les Granges
Bésignan
Vérone
969
Autanne
Mirabel - aux-Baronnies
Beauvoisin
Vercoiran
Plan de Mirabel
Piégon
Gorges d' Ubrieux
S.te Euphémie - sur-Ouvèze
Eygues
Lauzon
Beaulieu
les Jonchiers
Villedieu
Baude
Propiac
BUIS les-Baronnies
la Roche - sur-le-Buis
St-Auban- s.-l'Ouvèze
Puyméras
Mérindol- les- Uliviers
Menon
la Nible
le Poët- en-Percip
Faucon
Cost
les Sias
S.t Romain- en-Viennois
Mollans - sur-Ouvèze
Pierrelongue
Eygaliers
Ruines romaines
Eglise romane
VAISON -la-Romaine
Montagne de Bluye
1382
Plaisians
Gorges
1062
Clue
Vercoiran
Aulan
1265
N. D. Aubusson
Ouvèze
Crestet
Entrechaux
Toulourenc
S.t Léger- du-Ventoux
Col de Fontaube
Veaux
Brantes
S.t Basile
les Valettes
Dentelles de Montmirail
Beaumont du-Ventoux
Mont Serein
le Contrat
Cirque de S.t Amand
734
S.te Marguerite
1909
Savoillan
MALAUCÈNE
N.D. du Groseau
les Ramayettes
Mont Ventoux
(1829)
Reilhanette
Château-Neuf
Col de Tempêtes
Suzette
la Madeleine
Jas- des-Melettes
les Crottes
Lafare
la Roque- Alric
le Barroux
Rolland
le Ventouret
Aurel
S.t Hippolyte- le- Graveyron
les Baux
Bédoin
les Bruns
Combe de la Canaud
N. D. S.t Véran d'Aubune romane)
Caromb
Crillon- le-Brave
N.-D.- du-Moustier
Ste-Colombe
S.t Estève
Aubignan
Modène
S.t Pierre- de-Vassols
les Maridats
le Jas
SAULT
5 km

114

A
B
C
1
2
3
4
5
6
Allègre
Arlinde
Les Fumades-les-Bains
les Vieilles-Fumades
Cauvas
Navacelles
Servas
Bouquet
les Plans
Brouzet-lès-Alès
Seynes
Celas
Mons
St Just-et-Vacquières
Fons-sur-Lussan
la Lèque
Menhir
Goussargues
Malataverne
Verfeuil
Coulongres
le Puech
LUSSAN
Audabiac
Vallérargues
la Bruguière
Fontarèches
les Opiats
St Marcel-de-Careiret
la Roque-sur-Cèze
Cascade du Sautadet
St André-d'Olérargues
Donnat
Sabran
Mégier
Cavillargues
St Laurent-la-Vernède
St Pons-la-Calm
Pougnadoresse
Tave
la Bastide-d'Engras
le Pin
Gaujac
Monteils
le Chabian
Belvézet
le Montellier
la Mas-de-la-Vieille-Eglise
Euzet
St Hippolyte-de-Caton
Bourdiguet
St Etienne-de-l'Olm
St Jean-de-Ceyrargues
Marignac
Aigaliers
Foussargues
Larnac
Labaume
Baron
Gattigues
Foissac
Serviers-et-Labaume
Montaren-et-St-Médiers
St Quentin-la-Poterie
Vallabrix
Masmolène
la Capelle-et-Masmolène
St Victor-des-Oules
St Hippolyte-de-Montaigu
Moulin-Neuf
Duché
Martignargues
St Maurice-de-Cazevieille
St Césaire-de-Gauzignan
Castelnau-Valence
Collorgues
Aubussargues
Museon di Rodo
UZÈS
Carrière
St Siffret
Flaux
Valliguières
Cruviers-Lascours
Castelnau
Boucoiran
Brignon
Saint-Dézéry
Garrigues
Arpaillargues-et-Aureillac
St Maximin
Boisset
Moussac
Bourdic
S.T CHAPTES
Blauzac
Sagriès
Argilliers
Castillon-du-Gard
Sauzet
la Tour
Gard
du Gardon
Sanilhac-Sagriès
Collias
Alzon
Vers-Pont-du-Gard
St Geniès-de-Malgoirès
Aubarne
Ermitage
St Privat
Montignargues
la Rouvière
Pont St Nicolas
Grotte de la Baume
Pont du Gard
Ste-Anastasie (Russan)
Ste Anastasie
Dions
Braune
St Bauzély
la Calmette
Gorges du Gardon
Église romane
Poulx
Lédenon
St Bonnet-du-Gard
Sernhac
Fons
Gajan
Pic de Guerre
Camp des Garrigues
Cabrières
Clausonne
S.T MAMERT-du-Gard
Massillan
Nîmes-Marguerittes
Bezoucé
Meynes
Parignargues
Pierreau
les Fontilles
St Gervasy
NÎMES
Amphithéâtre
MARGUERITTES
Nîmes-Est
Montpezat
Maison Carrée
Arènes
Redessan
St Côme-et-Maruéjols
Clarensac
Caveirac
Rodilhan
Jonquières-St. Vincent
Sinsans
St Dionisy
Nîmes-Ouest
Nîmes-Centre
Vendargues
Manduel
Langlade
Caissargues
Bouillargues
Campuget
Calvisson
Oppidum
Nages-et-Solorgues
Milhaud
Bellevue
Barnier
Bizac
Boissières
Garons
Nîmes-Garons
Bernis
Vistre
Aubord
Campagne
Laval
Bellegarde
Uchaud
Vergèze
Vestric-et-Candiac
Mus
Codognan
Générac
Gallargues
Gallargues-le Montueux
Mas Pérouse
Mas du Grand Argence
Petit Argence
Beauvoisin
la Grand-Cabane
Surville
Mas de Grille
Mas de Vert
Andron
VAUVERT
St. Gilles/Vauvert
Aimargues
Languedoc
Église romane
Mas du Tort
le Cailar
St. André
S.T GILLES
Saliers
Beck
du Bas-Rhône
Gimeaux
Marsillargues
Gallician
Espeyran
Figarès
Stanislas
Parc
A9
A54
E 15
E 80

118

D
E
F
1
2
3
4
5
6
BAGNOLS-sur-Cèze
ORANGE
Théâtre Antique
Arc de Triomphe
Piolenc
Sérignan-du-Comtat
Camaret-sur-Aigues
Violès
Gigondas
Vacqueyras
Jonquières
Courthézon
CHÂTEAUNEUF-du-Pape
BÉDARRIDES
ROQUEMAURE
SORGUES
Monteux
VILLENEUVE-lès-Avignon
Palais des Papes
AVIGNON
Le Pontet
Morières-lès-Avignon
Montfavet
Vedène
Caumont-s.-Durance
Route de la vie Romaine
CHÂTEAURENARD
Noves
Cabannes
Barbentane
ARAMON
Rognonas
la Montagnette
Abbaye St Michel-de Frigolet (Cloître roman)
TARASCON
BEAUCAIRE
Graveson
Maillane
Frédéric Mistral
S.t RÉMY-de-Provence
Eygalières
Chaîne des Alpilles
Les Baux-de-Provence
Fontvieille
Maussane-les-Alpilles
Mouriès
ARLES
Arènes
les Alyscamps
Autoroute du Soleil
Autoroute la Languedocienne
Durance
Rhône
5 km
110
119

la Roque-Alric
le Barroux
les Baux
Rolland
Combe de la Canau
A
B
C
111
BEAUMES-de-Venise
Caromb
Bédoin
N.D.-du-Moustier
Ste Colombe
les Bruns
St Estève
Crillon-le-Brave
Flassan
Aubignan
Modène
St Pierre-de-Vassols
les Maridats
le Jas
les Gaps
la Boissière
les Abeilles
la Gabelle
Loriol-du-Comtat
Serres
MORMOIRON
Monieux
le Martinet
Enceinte
Mazan
Villes-sur-Auzon
Fayol
Gorges de la Nesque
Belair
Talaud
CARPENTRAS
Route de la vie Romaine
Blauvac
Monteux
Enceinte
Malemort-du-Comtat
Méthamis
Nesque
St Hubert
Ste Foi
Javon
St Didier
Église romane
N.D. de Vie
Unang
Graille
les Bastides
Clos de Filliol
Baptisterium
Venasque
PERNES les-Fontaines
la Gironde
le Beaucet
Valayans
St Joseph
la Roque-sur-Pernes
Col de Murs
Bézaure
Route de la vie Romaine
St Gens
Avignon
de Thouzon
la Crémade
Pouraque
les Vergiers
les Bellons
Velleron
Plateau de Vaucluse
le Château
Murs
Lioux
Église romane
le Thor
Saumane-de-Vaucluse
Ancienne Abbaye de Sénanque (Cistercienne)
Parrotiers
la Tuilière
Croagnes
Fontaine
Fontaine-de-Vaucluse
Joucas
les Cortasses
les Yves
les Cordiers
L'ISLE-sur-la-Sorgue
Galas
Musée
GORDES
Village Noir (Bories)
les Sauvestres
Gargas
Velorgues
Roussillon
Carrière d'Ocre
Cabrières-d'Avignon
Perrotet
Lagnes
les Imberts
St Pantaléon
les Vignères
Musée des Bouillons
le Chêne
les Gros
Coustellet
les Boumianes
Beaumettes
Goult
les Tourrettes
Pont Julien (romaine)
N.D. de Lumières
Coulon
CAVAILLON
Église romane
les Poulivets
Thourame
Robion
Maubec
St Véran
Taillades
Ménerbes
Lacoste
Prieuré de St Symphorien
Église romane
St Estève
Grès-Hauts
Cavaillon
Vidauque
Oppède-le-Vieux
la Peyrière
les Moutins
BONNIEUX
Plan-d'Orgon
Bastidon-du-Pradon
Régional
la Roche-d'Espell
Cheval-Blanc
la Grande-Bastide
le Trou-du-Rat
Montagne du Luberon
les Portallets
Roquefraiche (Sanatorium)
Route de la vie R
Valdition
ORGON
Gorges de Régalon
Logis-Neuf
Mérindol
les Borrys
les Baumes
Puget
Puyvert
Lourmarin
Aigue Brun
84 Vaucluse
13 Bouches-du-Rhône
Lauris
Tombe Albert C
les Plaines
SÉNAS
Sénas
Brame-Jean
Roquemartine
Mallemort
Charleval
Castelas de Roquemartine
Pont-Royal
Anc. Abbaye Silvacane
les Opies
la Roque-d'Anthéron
EYGUIÈRES
Grottes de Calès
Lamanon
Alleins
Ste Anne
Bassin de St Christophe
St Martin
Cazan
Taillades
Grand-Brays
Salon-Nord
Vernègues
Richebois
Bas Temple romain
Aiguebelle
Chaîne de la Trévaresse
Rognes
la Jasse
Salon-Nord
Badasset
Aurons
le Merle
de d'Agriculture
SALON-de-Provence
LAMBESC
Brest
Croix-de-Crau
Vestiges antiques
Pélissanne
Barben
Salon-Ouest
la Barben
Valmousse
St Cannat
Grans
Salon-Sud
Autoroute du Soleil
Molières
Grans
T.G.V.
les Quatre-Termes
MIRAMAS
le Pont-de-Rhaud
Lançon-Provence
Caseneuve
Lignane
Camaïsse
Enceinte
Miramas
120
114
Éguilles
Vestiges antiques

26 Drôme
D
E
F
Montagne de
1
2
3
4
5
6
SAULT
Église romane
St. Trinit
29
Revest-du-Bion
le Contadour
Vière
Saumane
l'Hospitalet
le Jonquet
Redortiers
la Rochegiron
St. Pancrace
Lardiers
Jas-de-Berle
Refuge de Lure (1572)
N.D. de Lure
les Perrets
Plateau d'Albion
N.D. des Anges
BANON
969
Route de la Lavande
St. Jean
Brouville
St. Christol
Chavon
Montsalier
Granges de Dauban
le Largue
Ganas
Ongles
le Rocher d'Ongles
St-Étienne-les-Orgues
Revest-St-Martin
Fontienne
le Crozat
la Resclave
N.D. de Lamaron
Cheyran
Gubian
25
St. Pierre
919
la Pourcine
Limans
Bel-Air
Lagarde-d'Apt
St. Pierre
1256
Cluyer
1054
Simiane-la-Rotonde
Carniol
Revest-des-Brousses
822
le Plan
Largue
Calavon
FORCALQUIER
Ybourgues
Laye
le Buisseron
1120
Parc
32
N.D. de Bellevue
Châteauneuf
Mane
Fumeirasse
Oppedette
Aubenas-les-Alpes
Observatoire de Haute Provence
Salagon
les Grands-Clements
Rustrel
Villars
Fenouillet
Vachères
Doua
Gignac
Pimayon
St. Michel-l'Observatoire
Jean-Jean
Colorado de Rustrel
Viens
Ste-Croix-à-Lauze
26
Lincel
Dauphin
APT
Blace
Naturel
Caseneuve
REILLANNE
St. Martin-les-Eaux
St. Paul
les Granons
St. Martin-de-Castillon
la Bégude
Céreste
Villemus
Église romane
Saignon
entour de murailles
Montjustin
Mont d'Or
le Boisset
26
14
St. Elzéar
Montfuron
Castellet
Auribeau
04 Alpes-de-Hte.-Provence
84 Vaucluse
MANOSQUE
Sivergues
de Buoux
1125
(974)
Vitrolles
Pierrevert
Manosque
Mourre Nègre
Lubéron
30
Régusse
St. Tulle
Peypin-d'Aigues
Cabrières-d'Aigues
la Bastide-des-Jourdans
E712
Cucuron
Pradine
Porchière
la Motte-d'Aigues
St. Martin-de-la-Brasque
Grambois
Corbières
le Seuil
Sannes
Étang de la Bonde
22
Ste-Croix
Malconseil
la Danjotte
Beaumont-de-Pertuis
Ansouis
du Lubéron
la Tour d'Aigues
Verdon
les Auquiers
Villelaure
Mirabeau
Durance
la Bastidonne
St-Paul-les-D.
Cadarache (Centre d'etudes Nucléaires)
PERTUIS
Enceinte
St. Paul lès-Durance
Mallabré
25
519
les Goirands
Meyrargues-Pertuis
le Logis-d'Anne
13 Bouches-du-Rhône
83 Var
le Puy-Ste Réparade
20
A51
Bèdes
Notre-Dame
la Cride
96
PEYROLLES-en-Provence
Jouques
Traconnade
Fonscolombe
Meyrargues
Aqueduc romain
St. Canadet
490
Forêt de le Plaines
Revelette
Provence
St. Maurin
Meyrargues-Fontbelle
Meyrargues
St. Antonin
Canal
RIANS
Venelles
Autoroute du Val de Durance
Peyrolles
Gerle
5 km
Couteron
la Campane
Grand Sambuc
le Taulisson
Artigues
Puyricard
Venelles
la Bérarde
Beaufort
Aix-les-Plantanes
la Tête du Marquis
605
le Puits-de-Rians
296
la Bastide
la Grande
Mont M

121

Refuge de Lure (1572)
N.D. de Lure
de Lure
Mallefougasse
Cruis
St-Étienne-les-Orgues
Montlaux
Augès
Revest
la Blache
S.t Martin
Sigonce
Prieuré de Ganagobie (rom.)
PEYRUIS
les Paulons
Châteauneuf Val-S.t Donat
Château-Arnoux
VOLONNE
S.t Auban (450)
Montfort
l'Escale
Route Napoléon
Route de la Lavande
Garce
Mirabeau
Malijai
les Thumins
Sommet du Ruth
1298
1055
les Beauduns
Barras
Pic d'Oise
Champter
les Sie
la Treille
Aiglun
Mallemoisson
le Chaffaut S.t Jurson
Carmejane
Bléone
Chénerilles
Rochers des Mées
LES MÉES
Autoroute du Val de Durance
Espinouse
894
le Brusc
971
N.D. de Lies
891
les Cardaires
Bellegarde
S.t Jeannet
Ajonc
en Sales
Puimichel
Dabisse
Pailleról
Canal d' Oraison
les Pourcelles
le Castellet
Entrevennes
Plateau de Valensole
Bras-d'Asse
Estou
les Tourettes
S.t Pierre
Pierrerue
Lurs
N.D. des Anges
Mane
Niozelles
la Brillanne
Oraison
Rancure
Valbonette
S.t Julien-d'Asse
la Bégude-Bl
S.t Maime
Villeneuve
Dauphin
Volx
681
la Chapelle
Asse
les Buissonnades
Brunet
le Grand Logisson
Pas-de-Laval
Allès
S.te Apollinaire
Ségrie
Puimoisson
le Bars
Andrieux
S.t.Clement
Mont d'Or
Manosque
S.t Jean
Parc
VALENSOLE
S.t Ma
Temple romain
Baptistère
RIEZ (528)
Roumoules
Campagne
Pontfrac
la Trinité
Durance
Route de la Lavande
Rousset
Pontoise
Montagnac
les Roux
(422)
Allemagne-en-Provence
S.te Croix-de-Verdon
S.t Martin-de-Brômes
Laval
Gréoux-les-Bains
04 Alpes-de-Hte-Provence
83 Var
N.D. des Œufs
Albiosc
Montpezat
Lac de
Esparron-de-Verdon
S.t Laurent-du-Verdon
N.D. de Baudinard
Baudinard-sur-Verdon
Aurabelle
Verdon
Vinon-sur-Verdon
Pheline
Basses Gorges du Verdon
Quinson
Artignosc-sur-Verdon
Fontaine
l'Eclou
les Rouvières
les Bernes
S.t Julien 659
S.t Pierre
la Mourotte
Villeneuve
la Roquette
la Neuve
Ginasservis
Régusse
Bourdas
Grand Blé 691
N.D. d'Eglise
Moissac Bellevue
la Bastide-Blanche
Montmeyan
la Verdière
Bury
le Grand Nans
la Grande-Bastide
B. de Mont Major
N.D. de Bellevue 637
690
la Bréquière
la Curnière
la Bréquière
Cormeil
Varages
le Logis
RIANS
Artigues
Esparron
S.t Martin
TAVERNES
la Serre
Fox-Amphoux
Barras
la Bérarde
les Vernes 598
les Annelles
les Cabanons
la-Ca
-de-Rians
ARJOLS
122
116

E
F
1
2
3
4
5
6
DIGNE-les-Bains
St Vincent
Église romane
St Pancrace
le Villard
Vaumet
la Peine
1702
Notre Dame
le Moustier
Thorame-Haute
Château-Garnier
Thorame-Basse
la Bâtie
2115
Tartonne
Plan-de-Chaude
1694
les Hostelleries
Route Napoléon
Route de la Lavande
Route d'Hiver des Alpes
les Dourbes
Lambruisse
Argens
Thorame-Haute-Gare
(1431)
Col de la Colle St Michel
les Sauzeries
Entrages
1511
St Michel de Cousson
les Dourbettes
Laubre
Douroulles
Montagne de l'Allier
1789
Vaucluse
la Clappe
Clumanc
les Bourillons
Châteauredon
Chabrières
Clue de Chabrières
les Nèbles
Toueste
le Castellet
Issole
Verdon
la Moutière
Chaudon
les Chaillans
la Mure
1685
Beynes
1593
St Lions
Hyèges
Allons
Chaudon-Norante
Asse de Clumanc
St Jacques
Plus-Haut
Moriez
St ANDRÉ-les-Alpes
1598
St Paulus
Asse
43
202
13
Méouilles
Route d'H
Trévans
BARRÊME
Asse de Moriez
1421
Angles
Gorges de Trévans
Gros-Jas
54
Route Napoléon
Notre Dame
1620
Courchons
Vergons
1290
la Barre
le Riou-d'Ourgeas
85
St Julien-du-Verdon
Église romane
Clue de Vergons
Majastres
Crête de Montmuye
SENEZ
Sommet du Castellard
Blaron
1481
1621
1725
Barrage de Castillon
la Tuillière
St Jurs
la Mauretière
la Baume
1760
le Bas-Chaudoul
Demandolx
le Cheiron
(800)
Col de la Blache
Clue de Taulanne
(1146)
Chiran
1905
Blieux
Col des Leque
N.D. du Roc
1641
Pré Chauvin
1698
1741
Barrage de Chaudanne
N.D. de Beauvoir
CASTELLANE
Enceinte
MOUSTIERS-Ste Marie
les Louches
Berbené
Chasteuil
Villars-Brandis
la Garde
Église romane
les Brochiers
1930
1771
Brans
Régional
1479
Verdon
Col de Luens
Clue de Chasteuil
St Thyrs
Torrent de Valonge
Châteauneuf-lès-Moustiers
Robion
Eoulx
Ecole
Lioune
1447
le Plan
Point Sublime
Rougon
Valcros
83 Var
Route de la Lavande
la Palud-sur-Verdon
45
Clue de Carejuan
le Bourguet
Châteauvieux
1028
les Salles-sur-Verdon
Aiguines
Grand Canyon du Verdon
Brenon
XI-III
le Petit-St Maymes
Riblaquon
Trigance
le Castellas
Chanteraine
Cirque de Vaumale
1420
Verdon
Jabron
Bargeme
Balcons de la Mescla
la Cournuelle
33
Corniche Sublime
1037
Falaise des Cavaliers
Pont de l'Artuby
Grand
la Souche
Font-Castellan
COMPS-s.-Artuby
Canyon de l'Artuby
la Colle
1152
Plan
1063
de
Canjuers
32
Montagne de Barjaude
Col du Bel-Homme
1173
Vérignon
1032
Locquier
1113
(951)
1066
St Priest
Favas
AUPS
les Vergelins
Couan
Montferrat
Bargemon
Ste Anne
Ampus
Châteaudouble
Taurenne
la Beaume
Olves
St Pierre-de-Tourtour
la Grande Rimade
Claviers
809
Gorges de la Garde
CALLAS
la Grange
la Colle-Blanche
Grottes
Tourtour
Villecroze
Florielle
Rebouillon
les Clèdes
les Mandins
Figanières
5 km
les 4 Chemins
Lentier
Campagne-Neuve
SALERNES
St Jean
Église romane
le Villard
29
les Esparus
les Plan
117
DRAGUIGNAN
123
Enceinte
St Pons
le Gaudran
le Flavosquet

NÎMES
Amphithéâtre
Maison Carrée
Arènes
MARGUERITTES
Nîmes-Est
Redessan
Rodilhan
Jonquières-St. Vincent
Montpezat
St. Côme et Maruéjols
Clarensac
Caveirac
St. Dionisy
Sinsans
Langlade
Manduel
Nîmes-Ouest
Nîmes-Centre
Vendargues
Bouillargues
Campuget
Calvisson
Oppidum
Nages et-Solorgues
Caissargues
Bellevue
Boissières
Milhaud
Barnier
Bizac
Rhony
Garons
Nîmes-Garons
Vistre
Bernis
Campagne
Laval
Bellegarde
Aubord
Uchaud
Vergèze
Vestric-et-Candiac
Mus
Codognan
Générac
Gallargues
Gallargues-le Montueux
Beauvoisin
Mas Pérouse
Mas du Grand Argence
la Grand-Cabane
Petit Argence
Surville
Mas de Grille
Mas de Vert
Andron
VAUVERT
St. Gilles/Vauvert
Aimargues
Église romane
Mas du Tort
le Cailar
Beck
St. André
Canal du 4 Bas-Rhône-Languedoc
ST GILLES
Saliers
Marsillargues
Franquevau
Figarès
Stanislas
Mas Bourrie
Gallician
Espeyran
Parc
St Laurent-d'Aigouze
Etang de Grey
Etang de Scamandre
Mas Blanquet
la Fosse
Ste. Cécile
Musée
Mas du Pont de Rousty
Mas de Chaberton
Etang du Charnier
P. des Tourradons
Albaron
Tour
Marais de la Grande
Mas des Iscles
Tour Carbonnière
la Malgue
Ste Anne
Mas Neuf
Quatret
Petit Rhône
le Paty-de-la-Trinité
les Bruns
Plaine de
Mas d'Agon
AIGUES-MORTES
Montcalm
la Souteyranne
Mas de Capette
Méjanes
Mas du Bousquet
le Ménage
Arène
Etang de la Ville
Etang du Lairan
Naturel Régional
Etang de Vaccarès
Mas Sénébier
Astouin
Mas de Pinch
Pinch Badet
Cabanes de Cambon
Etang des Caitives
30 Gard
13 Bouches-du-Rhône
Mas Badet
Etang de Consecanière
Etang du Roi
Etang des Fourneaux
Pin Fourcat
Etang de Malagroy
Mas d'Icard
Etang de Gines
Gines
le Petit Sauvage
Pont de Gau
Etang dit l'Impérial
Parc ornithologique
L'Espiguette
Etang des Salants
Etang de Malégal
Etang de Rollan
Etang du Cabri
le Grand Radeau
Etang du Ponant
Musée du Boumian
de Camargue
Etang d'Icard
Église romane
SAINTES-MARIES-de-la-Mer
Etang du Tampan
Golfe de Beauduc
MER MÉDITERRANÉE
Phare de
5 km

113
Chaîne des Alpilles
BEAUCAIRE
TARASCON
ARLES
S.T RÉMY de Provence
Les Baux-de-Provence
Maussane-les-Alpilles
Fontvieille
Saint-Martin-de-Crau
Plaine de la Crau
Camargue
Salin-de-Giraud
PORT-S.T LOUIS-du-Rhône
PORT-DE-BOUC
Fos-sur-Mer
Zone Industrielle
Golfe de Fos
Plage de Piemancon
Grand Rhône
Rhône
Graveson
Eyragues
Maillane
Vallabrègues
Cabannes
St Andiol
Eygalières
Mouriès
Aureille
Entressen
St Michel-de Frigolet (Cloître roman)
Abbaye de Montmajour (rom.)
Arènes
les Alyscamps
Moulin de Daudet
Tour du Valat
Phare de Faraman
Phare de S.t Louis
Etang de Vaïsseau
Etang du Fangassier
Etang de Galabert
Etang du Grand Rascaillan
Etang des Aulnes
Etang d'Entressen

114
Salon-Ouest
Pélissanne
la Barben
Barben
Valmousse
St Cannat
Molières
Grans
Salon-Sud
Autoroute du Soleil
MIRAMAS
le Pont-du-Raud
Lançon-Provence
Caseneuve
les Quatre-Termes
Lignane
Camaïsse
Centre d'essais
Enceinte
Miramas-le-Vieux
Confoux
Cornillon-Confoux
Lançon P.ce
Eguilles
Vestiges antiques
Coudoux
les Figons
Sulauze
ST CHAMAS
Calissanne
la Fare-les-Oliviers
Bompar
Etang de l'Olivier
Pont Flavien (Flavius)
les Baisses
les 4 Tours
Ventabren
Oppidum du Castellan
ISTRES
la Bosque
Velaux
Aqueduc de Roquefavour
Mauran
St Estève
Bouquet
la Suzanne
Berre
la Mérindolle
Port des Heures Claires
Etang de Berre
BERRE-l'Etang
Raff. SHELL
Rognac
le Petit Arbois
la Tour d'Arbois
Chaîne de Vitrolles
Etang de Citis
Varage
Massane
Etang de Vaïne
Réservoir
Etang de Lavalduc
Vitrolles
Fouilles de St Blaise
St Mitre-les-Remparts
Aéroport de Marseille (Provence)
Montvallon
les Plaines d'Arbois
Roseron
MARIGNANE
Saint Victoret
les Pinchinades
Plan de Campagne
Cabriès
MARTIGUES
Plage de Jaï
Marignane-Ville
les Pennes-Mirabeau
St Victoret
la Mède-Ouest
la Mède-Est
Pas-des-Lanciers
Mart.-Ferrières
les Tourels
Gignac-la-Nerthe
les Cadeneaux
Jas-de-Rhodes
Auguette
Mart.-Lavéra
Lavéra
Mart.-Jonquières
la Mède
Châteauneuf-les-Martigues
Laure
la Nerthe
la Gaotte
les Ventrons
la Bastide-Blanche
Gignat-la-Nerthe
Chaîne de l'Estaque
le Rove
l'Estaque
Ponteau
Carry-le-Rouet
le Douard
St André
Golfe de Fos
St Julien
Ensuès-la-Redonne
la Vesse
la Calade
les Rouges
le Rouet-Plage
Rade de Marseille
la Madrague-de-la-Ville
Les Ports
la Couronne-Carro
Ste Croix
Niolon
Carro
Tamaris
Sausset-les-Pins
Carry-le-Rouet
Madrague-de-Gignac
Cap Couronne
Côte Bleue
MARSEILLE
(Grec: Massilia)
Île Ratonneau
Château d'If
Île Pomègues
MER MÉDITERRANÉE
la Madrague-de-Montredon
Cap Croisette
Massif
Île Tiboulen
Île Maire
les Goudes
Île de Planier
Île de Jarre
Wahrân (Oran) 25-27 h
Al-Jazâir (Alger) 20 h
Bejaia 24 h
Skikda 24 h, Annaba 24 h
Tunis 22 h
Ajaccio 7-10 h, Propriano 9-11 h
Porto-Vecchio 13 h
Propriano 9-11 h
Bastia 7-10 h, l'Ile-Rousse 8-11 h
5 km

D
E
F
115
Beaulieu
St Canadet
Meyrargues
Aqueduc romain
Meyrargues-Fontbelle
Forêt de
le Plaines
Jouques
Traconnade
Revelotte
St Antonin
St Maurin
la Gr
Mont
Venelles
Autoroute du Val de Durance
Peyrolles
Canal
Gerle
le Taulisson
RIANS
Artig
la Bérarde
Grand St Jean
Couteron
Puyricard
la Calade
la Campane
Grand Sambuc
600
Beaufort
Aix-les-Plantanes
la Tête du Marquis
605
Vauvenargues
Château de Picasso
le Puits-d'Auzon
le Puits-de-Rians
Oppidum Pain de Munition
Celony
AIX-en-Provence
St Marc-Jaumegarde
Lac Zola
Lac du Bimont
Montagne Ste Victoire
1011
Église romane
le Tholonet
945
Ste Victoire
St Ser
Puyloubier
le Général
Aix-Ouest
Pioline
Beaurecueil
la Croix de Provence
St Antonin-sur-Bayon
l' Etang
Piconin
Pourrières
les Hermentaire
Aix-Est
les Milles
Luynes
Palette
le Canet
Châteauneuf-le-Rouge
les Bannettes
la Bégude
Logis-de-la-Colle
la Petite Beauquière
la Malouesse
300
Meyreuil
Rousset
Pourcieux
Luynes
Châteauneuf-l.-R.
la Barque
Honorat
Bouc-Bel Air/Luynes
Bouc-Bel-Air
GARDANNE
Fuveau
l' Arc
Roquefeuille
Peynier
Olympe
880
TRETS
13 Bouches-du-Rhône
83 Var
Cité Biver
Bas
Gréasque
Belcodène
la Grande Boise
la Diote
Simiane-Collongue
les Putis
St Jean-du-Puy
Kirbon
les Peyrets
les Marres
Mimet
St Savournin
le Pigeonnier
Pas de la Couelle
Pilon du Roi
670
781
la Valentine
Baume de Marron
(500)
Chaîne de l' Etoile
Septèmes-les-Vallons
Tête du Grd Puech
Cadolive
Peypin
la Bouilladisse
Moulin-de-Redon
St Zacharie
Grande Etoile
590
Valdonne
les Termes
les Pégoulières
Peypin
Pas-de-Trets
Boutot
St François
Nans
St Antoine
la Destrousse
Auriol
Château-Gombert
la Montade
le Règage
le Pujol
Aygalades
le Logis-Neuf
ROQUEVAIRE
les Bosq
St Joseph
le Merlan
Plan-de-Cuques
Lascours
la Grande-Bastide
la Ste Baume
Croix-Rouge
Daurengue
Huveaune
les Arnavaux
ALLAUCH
Croix de Garlaban
710
Tête de Roussargue
Roussargue
Plan-d'Aups
St Pilon
994
les Olives
la Treille
Napollon
749
Pont de l' Étoile
Grotte
St Just
la Rose
St Julien
les Trois-Lucs
Camoins-les-Bains
Aub.-N.
(728)
Col de l' Espigoulier
St Barnabe
la Pomme
la Valentine
les Camoins
Aubagne
St Jean-de-Garguier
GÉMENOS
Massif de la Sainte
Riboux
la Valentine
AUBAGNE
Aubagne-E.
St Marcel
la Barasse
Cuges-les-Pins
la Chapelette
la Penne-sur-Huveaune
Carnoux
Coulin
Petit Rouvière
(218)
Parc d'attraction
Col de l' Ange
Ste Marguerite
Chaîne de St Cyr
Vaufrèges
la Gélade
Carnoux-en-Provence
Julhans
le Camp-du-Castellet
Valmante
Roquefort la-Bédoule
Roquefort
la Bédoule
564
la Bégude
Ste Anne du-Castellet
Grand Caunet
Mauregard
Laouque
Cassis
Luminy
Marseilleveyre
Morgiou
CASSIS
(130)
Ceyreste
les Plaines Baronnes
les Lecques
la Ciotat
la Cadière-d' Azur
le Castellet
Cap Morgiou
Cap Canaille
les Calanques
le Liouquet
Île Calseraigne
la Ciotat-Plage
Sémaphore
(328)
les Lecques
St Cyr-sur-Mer
Fontanieu
Congloué
Riou
les Baumelles
Madrague
Rampale
Île Verte
LA CIOTAT
Port d' Alon
la Galère
BANDOL
Île de Bendor
SANARY sur-Mer
Grand Rouveau
Île des Embiez

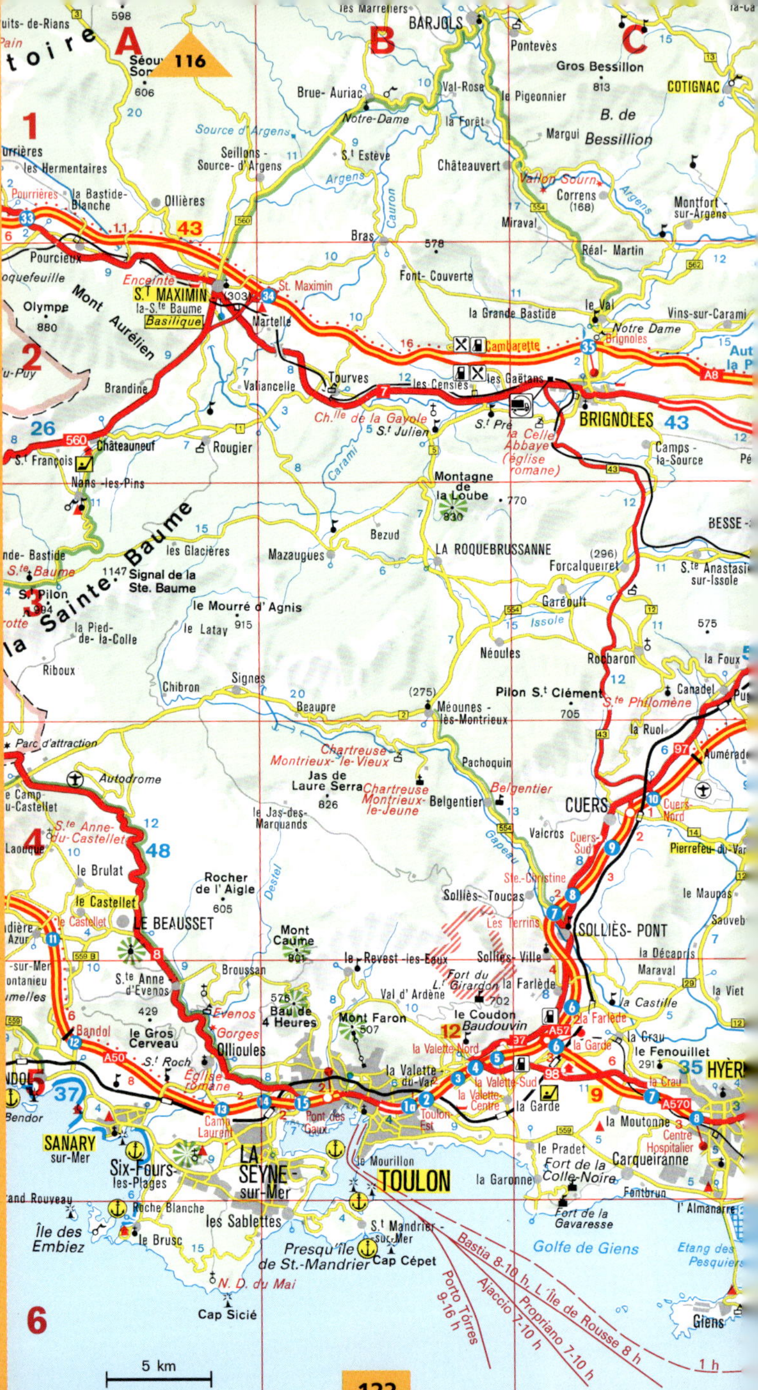
A
B
C
1
2
3
4
5
6
116
Barjols
Pontevès
Gros Bessillon
813
Cotignac
B. de Bessillion
Brue-Auriac
Notre-Dame
Val-Rose
le Pigeonnier
la Forêt
Margui
Source d'Argens
Seillons-Source-d'Argens
St Estève
Châteauvert
Vallon Sourn
Correns
Montfort-sur-Argens
Miraval
Argens
Cauron
Ollières
Pourrières
la Bastide-Blanche
les Hermentaires
Pourcieux
43
Bras
578
Réal-Martin
Font-Couverte
Mont Aurélien
Olympe
880
Enceinte
St Maximin
la-Ste Baume
Basilique
Martelle
34
la Grande Bastide
le Val
Vins-sur-Carami
Notre Dame
Brignoles
35
Cambarette
A8
Brandine
Valiancelle
Tourves
les Censiès
les Gaëtans
Brignoles
Ch.lle de la Gayole
St Julien
St Pré
la Celle
Abbaye (église romane)
Camps-la-Source
26
560
Châteauneuf
St François
Rougier
Nans-les-Pins
Carami
Montagne de la Loube
830
770
Bezud
La Roquebrussanne
Forcalqueiret
(296)
Besse
Ste Anastasie-sur-Issole
la Sainte Baume
les Glacières
Mazaugues
Ste Baume
1147 Signal de la Ste. Baume
St Pilon
994
Garéoult
Issole
le Mourré d'Agnis
915
le Latay
la Pied-de-la-Colle
Néoules
Rocbaron
575
la Foux
Riboux
Chibron
Signes
Beaupre
(275)
Méounes-lès-Montrieux
Pilon St Clément
705
Ste Philomène
Canadel
la Ruol
Parc d'attraction
Chartreuse Montrieux-le-Vieux
Autodrome
Jas de Laure Serra
826
Chartreuse Montrieux-le-Jeune
Belgentier
Pachoquin
97
Le Camp-du-Castellet
Ste Anne-du-Castellet
le Jas-des-Marquands
Cuers
10
Cuers-Nord
Valcros
Cuers-Sud
Pierrefeu-du-Var
Laouque
48
le Brulat
Destel
Gapeau
9
Ste-Christine
Rocher de l'Aigle
605
Solliès-Toucas
le Maupas
le Castellet
Le Beausset
Les Terrins
Solliès-Pont
Sauveb
Mont Caume
801
le Revest-les-Eaux
Solliès-Ville
la Décapris
Maraval
Broussan
Fort du Girardon
la Farlède
la Viet
Ste Anne d'Evenos
429
576
Bau de 4 Heures
Val d'Ardène
702
la Castille
Evenos
Gorges
Mont Faron
507
le Coudon
Baudouvin
la Farlède
Bandol
le Gros Cerveau
Ollioules
la Valette-Nord
la Crau
le Fenouillet
291
Hyères
A50
St Roch
Église romane
la Valette-du-Var
la Valette-Sud
la Valette-Centre
la Garde
A57
A570
98
37
Bendor
Camp Laurent
Pont des Gaux
Toulon-Est
la Moutonne
Centre Hospitalier
Sanary sur-Mer
Six-Fours-les-Plages
La Seyne-sur-Mer
le Mourillon
Toulon
la Garonne
le Pradet
Fort de la Colle-Noire
Carqueiranne
Fontbrun
l'Almanarre
Grand Rouveau
Roche Blanche
les Sablettes
St Mandrier-sur-Mer
Fort de la Gavaresse
Île des Embiez
le Brusc
Presqu'île de St.-Mandrier
Cap Cépet
Golfe de Giens
Etang des Pesquiers
N. D. du Mai
Bastia 8-10 h, L'Île de Rousse 8 h
Propriano 7-10 h
Ajaccio 7-10 h
Porto Tórres 9-16 h
1 h
Cap Sicié
Giens
5 km

DRAGUIGNAN
117
Enceinte
le Flayosquet
Flayosc
les Esparus
les Plans
le Gaudran
Riforand
Mentone
les Salgues
Bouillidou
Entrecasteaux
Ste-Foy
Berne
S.t Antonin-du-Var
N.D. de Benva
LORGUES
les Miquelets
Mappe
Roubine
Cascade
les Nourradons
Trans-en-Provence
Grands Esclans
la Motte
Valbourgès
Selle
les Chênes-Verts
S.t Martin
Ancienne Abbaye S.te Roseline
LE MUY
les Arcs
CARCES
Argens
Pont-d'Argens
Abbaye du Thoronet
(église romane)
la Martinette
les Fadons
Taradeau
Oppidum
le Thoronet
S.te Anne
les Crottes
le Bertrands
S.t Loup
la Plaine
S.t Pastour
Cascade
Entraigues
Vidauban
Cabasse
Grand Candumy
le Vieux-Cannet
Église romane
Le Cannet-d.-M.
les Espérifets
la Seigneurie
le Lac
LE LUC
le Cannet-des-Maures
la Gravière
Oppidum (enceinte celtique)
la Haute Verrerie
la Basse Verrerie
la Miquelette
les Pierrons
la Lauzade
Flassans-sur-Issole
Repenti
la Moure
Plan-de-la-Tour
Préconil
la Croix de Bontar
Gonfaron
la Tuilière
Fort
la Garde-Freinet
Plan Peirassou
les Mayons
N.D. du Figuier
Servante
Pignans
Roches Blanches
Valdegilly
l'Avelan
Rimaureso
Cros-de-Mouton
Église romane
Enceinte
Grimaud
N.D. des Anges
la Sauvette
Valescure
Camoules
S.t Maur
les Crottes
Périer
les Vidaux
la Portanière
le Peyrol
COLLOBRIÈRES
Église romane et gothique
Chartreuse de la Verne
S.t Marc
les Guiols
Cogolin
la Tuilière
la Rode
la Rivière
Môle
Montaud
la Portanière
S.t Guillaume
la Môle
se du Castellas
Col de Babaou
(415)
les Campaux
les Pradels
Pansard
Camp-Long
Valcros
Arboretum
Col du Canadel
(267)
Col de Barral
(371)
Col de Gratteloup
(199)
Môle
le Rayol-Canadel-sur-Mer
Cavalaire-sur-Mer
Baie de Cavalaire
Pas-du-Cerf
les Gaouby
Cavalière
Bormes-les-Mimosas
S.t Clair
N.-D.-des-Maures
les Borrels
S.t Honoré
la Fossette
Cap Nègre
Corniche des Maures
St-Tropez
les Jassons
Clapière
Réserve du Trapan
LE LAVANDOU
la Londe-les-Maures
Baie du Gaou
Plage de la Favière
Léoube
la Favière
Massif des Maures
Îles de Hyères
Port-de-Miramare
les Salins-d'Hyères
Brégançon
Cabasson
Bénat
Berriau-Plage
Ayguade-Ceinturon
Cap Bénat
Cap de Brégançon
Cap Blanc
Rade d'Hyères
Hyères-Plage
Capte
Presqu'île de Giens
Phare du Titan
Grand-Avis
Île du Levant
Île de Port-Cros
la Tour-Fondue
Plage Notre-Dame
Île de Porquerolles
Île de Bagaud
Héliopolis
Vallon de la Solitude
Port-Cros
P.nte Maupertuis
Sémaphore
Porquerolles
Parc National de Port-Cros
Cap d'Arme
A8
A57
E 80
98
97
559
555
25
31
45
22
29
39
20

MARCO POLO

Für Ihre nächste Reise gibt es folgende Titel:

Deutschland

Allgäu
Amrum/Föhr
Bayerischer Wald
Berlin
Bodensee
Chiemgau/ Berchtesgaden
Dresden
Düsseldorf
Eifel
Erzgebirge/Vogtl.
Franken
Frankfurt
Hamburg
Harz
Heidelberg
Köln
Leipzig
Lüneburger Heide
Mark Brandenburg
Mecklenburgische Seenplatte
Mosel
München
Nordseeküste: Niedersachsen mit Helgoland
Nordseeküste: Schleswig-Holst.
Oberbayern
Ostfries. Inseln
Ostseeküste: Mecklenburg-Vorpommern
Ostseeküste: Schleswig-Holst.
Pfalz
Potsdam
Rügen
Schwarzwald
Spreewald/Lausitz
Stuttgart
Sylt
Thüringen
Usedom
Weimar
Die besten Weine in Deutschland
Die tollsten Musicals in Deutschland

Frankreich

Bretagne
Burgund
Côte d'Azur
Disneyland Paris
Elsass
Frankreich
Frz. Atlantikküste
Korsika
Languedoc-Roussillon
Loire-Tal
Normandie
Paris
Provence

Italien Malta

Capri
Dolomiten
Elba
Emilia-Romagna
Florenz
Gardasee
Golf von Neapel
Ischia
Italien Festland
Italien Nord
Italien Süd
Ital. Adria
Ital. Riviera
Mailand/ Lombardei
Malta
Oberital. Seen
Piemont/Turin
Rom
Sardinien
Sizilien
Südtirol
Toskana
Umbrien
Venedig
Venetien/Friaul

Spanien Portugal

Algarve
Andalusien
Azoren
Barcelona
Costa Blanca
Costa Brava
Costa del Sol/ Granada
Fuerteventura
Gomera/Hierro
Gran Canaria
Ibiza/Formentera
Lanzarote
La Palma
Lissabon
Madeira
Madrid
Mallorca
Menorca
Portugal
Spanien
Teneriffa

Nordeuropa

Bornholm
Dänemark
Finnland
Island
Kopenhagen
Norwegen
Schweden

Osteuropa

Baltikum
Budapest
Königsberg/ Ostpreußen Nord
Masurische Seen
Moskau
Plattensee
Polen
Prag
Riesengebirge
Rumänien
Russland
St. Petersburg
Slowakei
Tschechien
Ungarn

Österreich Schweiz

Berner Oberland/ Bern
Kärnten
Österreich
Salzburg/ Salzkammergut
Schweiz
Tessin
Tirol
Wien
Zürich

Westeuropa und Benelux

Amsterdam
Brüssel
England
Flandern
Holländische Küste
Irland
Kanalinseln
London
Luxemburg
Niederlande
Schottland
Südengland
Wales

Südosteuropa

Athen
Bulgarien
Chalkidiki
Dalmat. Küste
Griechenland Festland
Griechische Inseln/Ägäis
Ionische Inseln
Istrien/Kvarner
Istanbul
Korfu
Kos
Kreta
Peloponnes
Rhodos
Samos
Türkei
Türkische Mittelmeerküste
Zypern

Nordamerika

Alaska
Chicago und die Großen Seen
Florida
Hawaii
Kalifornien
Kanada
Kanada Ost
Kanada West
Los Angeles
New York
Rocky Mountains
San Francisco
USA
USA Neuengland
USA Ost
USA Südstaaten
USA Südwest
USA West
Washington, D.C.

Mittel- und Südamerika Antarktis

Antarktis
Argentinien/ Buenos Aires
Bahamas
Barbados
Brasilien/ Rio de Janeiro
Chile
Costa Rica
Dominikanische Republik
Ecuador/ Galapagos
Jamaika
Karibik I
Karibik II
Kuba
Mexiko
Peru/Bolivien
Südamerika
Venezuela
Yucatán

Afrika Vorderer Orient

Ägypten
Dubai/Emirate/ Oman
Israel
Jemen
Jerusalem
Jordanien
Kenia
Libanon
Marokko
Namibia
Südafrika
Syrien
Türkei
Türkische Mittelmeerküste
Tunesien

Asien

Bali/Lombok
Bangkok
China
Hongkong
Indien
Japan
Ko Samui/ Ko Phangan
Malaysia
Nepal
Peking
Philippinen
Phuket
Singapur
Sri Lanka
Taiwan
Thailand
Tokio
Vietnam

Indischer Ozean Pazifik

Australien
Hawaii
Malediven
Mauritius
Neuseeland
Seychellen
Südsee

Sprachführer

Arabisch
Englisch
Französisch
Griechisch
Italienisch
Kroatisch
Niederländisch
Norwegisch
Polnisch
Portugiesisch
Russisch
Schwedisch
Spanisch
Tschechisch
Türkisch
Ungarisch

Im Register sind alle in diesem Führer erwähnten Orte und Ausflugsziele verzeichnet. Halbfette Seitenzahlen verweisen auf den Haupteintrag, kursive auf ein Foto.

Aiguebrun 92
Aigues-Mortes 68
Aix-en-Provence 8, 11, 13, 14, 17, *18,* 20, 24f., 57, **58ff.,** 89, 98, 101
Allauch 25
Alpilles 21, *56,* **68f.,** 101
Ansouis 40
Apt **35ff.,** 40
Arles 10, 11, 13, 16, 57, **65ff.**
Aubagne 81
Aureille 68f.
Avignon 8, 11, 13, 14, 25, 35, **42ff.,** 99
Bandol 17, 21, **82**
Barigoule-Höhle 87
Baronnies 30
Bédoin 93
Bonnieux 41, **85**
Bouc-Bel-Air 96
Buis-les-Baronnies 30, 95
Buoux 40
Cairanne 17
Calanques 7, 80, **82, 87f.,** 92, 93, 97
Callelongue 80
Camargue 7, 14, 15, 16, 20, 24, **69f.,** 73, 91, 92, *94*
Carpentras **46f.,** 55
Cassis 17, 21, **82,** *83,* 93
Cavaillon 15, **47**
Château-Arnoux 37
Château de Fonscolombe 89
Château de la Barben 97
Château de La Gaude 89
Château d'If 13, **77,** 93
Château La Coste 21, **89**
Châteauneuf-de-Mazenc 30
Châteauneuf-du-Pape 17, 21, *46,* **47**
Château Revelette 21, **89**
Château Simone 21, **89**
Château Vignelaure 89
Col de Murs 86f.
Corniche des Crêtes **83,** 93
Côte Bleue 83
Coustellet 40
Croix de Provence 65
Cucuron 93
Cuges-les-Pins 97
Dentelles de Montmirail 35, **53,** 92, 93
Dieulefit 30f.
Domaine Les Bastides 21, **89**
Domaine Richeaume 89
Ensuès-la-Redonne 97
En-Vau 82
Étang de Berre **83,** 97, 128
Étang de la Bonde 96
Eygalières 69
Eyguières 69
Falaise de l'Escalès 92
Fontaine-de-Vaucluse 37f.
Forêt des Cèdres 85
Fos 17, 83
Frioulinseln **77,** 93
Ganagobie 13, **38**
Gigondas 17, 21, 35, 53
Glanum 13, **72**
Gordes **38,** 86
Gorges de la Nesque 55
Grand Canyon du Verdon **38f.,** *90,* 92
Grignan 11, 13, 27, **31,** 95f.
Groseau 54
If 13, **77,** 93
Île Verte 97
Istres 97
Joucas 86
La Bégude-de-Mazenc 30
Lac du Paty 96
La Ciotat **82f.,** 93, 97
Lacoste *84,* 85
La Garde-Adhémar 13, 28
La Roque-d'Anthéron 11, **25**
La Tour d'Aigues 40
Le Barroux 53
Le Poët-Laval *26,* 32
Les Alpilles 21, *56,* **68f.,** 101
Les Baronnies 30
Les Baux-de-Provence 57, **69**
Les Milles 91
L'Isle-sur-la-Sorgue 25, **47**
Lourmarin 39f., 85
Lubéron 15, 17, 19, 21, 35, **39f., 85f.,** *87,* 92, 93, 101
Malataverne-Barette 29
Malaucène **54,** 93
Mallemort 91
Manosque 40f.
Marignane 99
Marseille 7, 8, *9,* 10, 13, 14, 17, 20, 25, *74,* **75ff.,** 87, 93, 98, 99, 101, 102
Martigues 83
Méjean-Bucht 83
Ménerbes 86
Miramas 91
Montboucher-sur-Jabron 29, 92
Montélimar 23, 27, **28ff.,** 95, 99
Montmajour 70
Mont Serein 54
Mont Ventoux 35, **54f.,** 92, 93
Morgiou 82, **88,** 97
Mornas 35, **52**
Mouriès 69, 92
Mourre Nègre 40
Moustiers-Sainte-Marie 39
Nesque-Schlucht 55
Nîmes 10, *11,* 13, 16, 24, 48, **70ff.**
Niolon 83
Nyons 30, **31f.**
Orange 13, 25, **49ff.,** 99
Palette 21, 89
Pernes-les-Fontaines 47f.
Petit Lubéron 85
Piémanson-Strand 70
Pierrelatte 95
Piolenc **52,** 96
Plan d'eau des Salettes 96
Planier 93
Pomègues 77
Pont-de-Gau **70,** 91, **97**
Pont du Gard *6,* 48
Pont Julien 41

Port-de-Bouc 83
Port-Miou 82
Prato Plage 96
Quinson 39
Ratonneau 77
Richerenches 23, **55**
Rochegude 32
Rocher du Cire 55
Roussas 33
Rousset 17
Roussillon *34,* **41, 86,** 96
Rustrel 41
Saint-Antonin-sur-Bayon 65
Saint-Blaise 83
Saint-Cannat 97
Sainte-Baume **64,** 93
Saintes-Maries-de-la-Mer 24, 70, **73**, 93
Sainte-Victoire-Massiv **65,** 92, 93
Saint-Gilles 13, **72**
Saint-Maximin-la-Sainte-Baume 13, **64**
Saint-Paul-Trois-Châteaux 13, 28, **32f.**
Saint-Rémy-de-Provence 72f.
Saint-Restitut 28
Salin-de-Giraud 70
Salon-de-Provence 57, **73**
Sanary-sur-Mer 10
Sault 16, **55**
Séguret 53
Sénanque *12,* 13, **41f.**
Septèmes-les-Vallons 97
Sérignan-du-Comtat 52
Silvacane 65
Sormiou 82
Sugiton 88
Suze-la-Rousse 33
Tarascon 35, **73**
Thouzon-Höhle 48
Tricastin 23, **27f.,** 32f.
Vacqueyras 17, 35, 53
Vaison-la-Romaine 10, 13, **52f.**
Valaurie 31
Valréas 19, **55,** 92
Vauvenargues 65
Venasque **48f., 87**
Verdon **38f.,** *90,* 91, *92*
Village des Bories 38
Villeneuve-lès-Avignon 49
Vinsobres 33

Schreiben Sie uns!

Liebe Leserin, lieber Leser,

wir setzen alles daran, Ihnen möglichst aktuelle Informationen mit auf die Reise zu geben. Dennoch schleichen sich manchmal Fehler ein – trotz gründlicher Recherche unserer Autoren/innen. Sie haben sicherlich Verständnis, dass der Verlag dafür keine Haftung übernehmen kann. Wir freuen uns aber, wenn Sie uns schreiben.

Senden Sie Ihre Post an die MARCO POLO Redaktion, Mairs Geographischer Verlag, Postfach 31 51, 73751 Ostfildern, marcopolo@mairs.de

Impressum

Titelbild: Sault/Vaucluse (H. Krinitz)
Fotos: W. Dieterich (1, 2 o., 2 M., 5 o., 6, 9, 16, 38, 39, 46, 47, 62, 66, 74, 75, 78, 82, 83, 87, 96, 98); Feldhoff & Martin (U. r., 7, 35, 36, 57); R. M. Gill (72); H. Krinitz (U. l., U. M., 4, 5 r., 12, 14, 20, 24, 25, 27, 31, 40, 41, 43, 48, 49, 50, 54, 56, 58, 69, 73, 76, 84, 88, 90, 107); Mauritius: Scope (26); M. Thomas (11, 18, 22, 33, 34, 45, 64, 70, 86, 92, 94)

7., aktualisierte Auflage 2002 © Mairs Geographischer Verlag, Ostfildern
Herausgeber: Ferdinand Ranft, Chefredakteurin: Marion Zorn
Redaktion: Nikolai Michaelis, Bildredakteurin: Gabriele Forst
Kartografie Reiseatlas: © Mairs Geographischer Verlag/Falk Verlag, Ostfildern
Gestaltung: red.sign, Stuttgart
Sprachführer: in Zusammenarbeit mit dem Ernst Klett Verlag GmbH, Stuttgart, PONS Wörterbücher

Printed in Germany. Gedruckt auf 100% chlorfrei gebleichtem Papier

Bloß nicht!

Auch in der Provence gibt es Touristenfallen oder Dinge, über die Sie informiert sein sollten

Vergiftete Fische

Baden und Surfen im Étang de Berre wird als Urlaubsvergnügen angeboten. Aber der Brackwassersee ist durch Industrieabwässer so vergiftet, dass das Fischen verboten werden musste. Der Verzehr der Fische ist gesundheitsschädlich. Und das Baden?

Wild campen

So verlockend ein schönes Plätzchen in freier Natur sein mag, um ein Zelt aufzustellen oder das Wohnmobil zu parken – französische Grundbesitzer sehen das gar nicht gern und reagieren meist sauer. Und verzichten Sie auf jeden Fall darauf, ein Lagerfeuer zu entfachen: Die Gefahr von Waldbränden ist viel zu groß.

Sorglos im Auto

Autos mit ausländischem Kennzeichen sind bevorzugtes Objekt für Diebe. Auf keinen Fall Wertsachen im Auto liegen lassen und das Radio, wenn möglich, ausbauen. Auch der Handtaschenraub aus besetztem Auto ist eine Masche der Langfinger. Also vor allem an Ampeln in Städten nicht vergessen, die Autotüren von innen zu verschließen. Und wer nachts auf der Autobahn fährt und ein Nickerchen machen möchte, sollte einsame Parkplätze meiden. Dass in Südfrankreich – besonders nachts – Autobahnräuber unterwegs sind, meist zu mehreren, ist leider kein Märchen. Im Gegenteil, die Überfälle auf Touristenautos haben zugenommen und sind keineswegs auf Luxuswagen beschränkt.

Im »Weinmuseum« Wein kaufen

Ein Weinmuseum ist nicht immer ein Weinmuseum – sondern manchmal eine Touristenfalle. Da gibt es ein bisschen altes Gerät zu betrachten, Pflüge, Spaten, Spritzen und vielleicht einen alten Bottich, dazu – in französischer Sprache – einige Erläuterungen über die Arbeitsweise der Winzer und ein Schlückchen Wein zum Probieren. Am Ausgang stehen dann die Kisten und Schachteln schon fertig verpackt zum Verkauf. Wein von der billigen Sorte, allerdings zu saftigen Preisen. Draußen rollt bereits ein weiterer Reisebus auf den Hof …

Veraltetes Informationsmaterial

Informationsschriften, die von den Fremdenverkehrsbüros großzügig verteilt werden, sind nicht immer zuverlässig, weil oft veraltet. Das wird besonders dann ärgerlich, wenn ein offizielles Verzeichnis (Hotels, Campingplätze, Restaurants) bereits so alt ist, dass die Preise inzwischen um 20 bis 30 Prozent gestiegen sind.